新・保育実践を支える

言

葉

成田朋子 編著

福村出版

『新・保育実践を支える　言葉』まえがき

　保育者養成科目「保育内容指導法　言葉」のためのテキスト『保育実践を支える　言葉』を出版してはや5年が経過した。

　その後の保育界の大きな動きは，子ども・子育て支援法が制定され，2015（平成27）年度より施行されていることである。子ども・子育て支援法は，子どもの保育充実と保護者の子育て家庭支援充実を目指す制度であるが，その後も，子育て不安の高まり，待機児童問題，児童虐待相談件数増加等々の課題は改善されず，保育の現場では以前にも増して，よりきめ細かな対応が求められているのが現状である。

　以上のような状況の中で，2017（平成29）年，幼稚園教育要領，保育所保育指針，幼保連携型認定こども園教育・保育要領が改訂（改定）され，2018（平成30）年度より実施されることになっている。

　本書はこの改訂（改定）を受けての改訂版である。

　編集にあたって幼稚園教諭，保育士，保育教諭を目指す人たちに伝えたいことは初版へのまえがきで述べた通りであるが，改訂版ではさらに，主体的に学習を進め，実践力を身に付けることができるよう，1〜4章各章末に演習課題を，5，6章末に月週案を掲載した。

　言葉の貧困が指摘される今日であるが，言葉にはまだまだ計り知れない力が潜んでいるはずである。まわりの人との関わり合いの中で，言葉により伝え合う力が子どもたちに育つよう，そして保育者自身の言葉がより豊かなものになるよう，本書が活用されることを願う。

　　2018年3月　　　　　　　　　　　　　　　　編　者

初 版 ま え が き

　生後2，3カ月にしかならない赤ん坊がなにやら話したそうにする表情をしたり，片言が出たばかりの頃には話せるようになった数少ない言葉で一生懸命伝えようとする姿は，なんともかわいらしいものである。

　ところが一方，世の中に目を向けると，口頭で言えば済むことにもメールを使おうとする人が増え，その結果あちこちで齟齬が生じているのではないだろうか。ありあまる情報の中で便利さがコミュニケーション力を低下させているのではと案じるのは編者のみであろうか。

　言葉を身に付け始めた頃の喜びを膨らませ，後々豊かな人間関係，言語生活を展開できるようにするには，日々子どもに接する保育者はどのような保育を心がければよいのであろうか。

　本書は，保育士・幼稚園教諭を目指す人たちに，以上のことを考えてもらうためのテキストである。執筆者たちはいずれも保育所・幼稚園の保育実践をよく理解している実践者・研究者であり，それぞれの立場から，子どもたちの豊かな言葉体験を思い描きながら執筆を進めた。目次のような章立てで構成したが，どの章からでも，興味を持てそうな章から読み進んでみてほしい。

　そして，言葉が人と人との関係に果たす役割が計り知れないほど大きいことに思いを馳せ，言葉が言葉の面だけでなく，全体的育ちの中で身に付くものであること，すなわち，乳幼児はまわりにあるすべてのもの，すべてのことを身体全体で体験することで後の言葉を生み出し，大人との情緒的な絆の中で，さらに友達との相互関係の中で言葉を育むことを本書から読みとって，後々の保育を展開してほしいと思う。

　保育者の役割がこれまでになく大きなものになっている今日であるが，本書が，子どものモデルとしての保育者自身の言葉も豊かにし，コミュニケーション力を培うためのてがかりにもなることを願う。

　　2013年1月　　　　　　　　　　　　　　　　　　　編　者

目　次

1章　幼稚園教育要領，保育所保育指針，幼保連携型認定こども園教育・保育要領と領域「言葉」

　わが国は戦後，急激な科学技術の進歩に伴い，著しい経済発展を遂げ，非常に豊かな社会となった。しかし，これに伴い，私たちの生活や生き方などは大きく変化した。少子高齢化が一層進み，2016（平成28）年の出生数が，初めて100万人を割って約98万人となり，わが国の人口は減少し続けている。また，家族の縮小化も進行し，さらに核家族化や一人暮らしの高齢者の増大化が進んでいる。そして，家庭や地域における人間関係の希薄化や教育力の低下，児童虐待など，現代社会が抱える様々な課題は，われわれ大人はもとより，幼い子どもの環境，そしてその子ども自身にも大きな影響を及ぼしている。

　このような状況の中，わが国では，戦後の保育，幼児教育についても幼稚園教育要領・保育所保育指針を礎として，様々な時代を見通し，その時代に適した保育，幼児教育を保育現場で展開しながら，発展させてきたのである。その1つとして大きく取り上げられるのは，2006（平成18）年に，「就学前の子どもに関する教育，保育等の総合的な提供の推進に関する法律」（認定こども園法）が公布されたことであろう。これは，幼稚園や保育所等において，就学前の子どもに対し教育を一体的に提供するとともに保護者への子育て支援の推進を図る，認定こども園を創設するためのものである。その後，2015（平成27）年には，少子化の進行，都市部を中心とした待機児童問題，児童虐待など，わが国が抱える様々な問題解消を目的とした「子ども・子育て支援新制度」の始まりとともに，幼保連携型認定こども園教育・保育要領が成立したのである。

　本章は戦後の保育・幼児教育に注目し，その礎となる「幼稚園教育要領」（以下，教育要領）及び「保育所保育指針」（以下，保育指針），そして，様々な課題を抱える現代社会の中で成立した「幼保連携型認定こども園教育・保育

要領」（以下，教育・保育要領）における保育内容の領域「言葉」の変遷，そして 2017 年改訂・改定の領域「言葉」について解説する。

1節　幼稚園教育要領，保育所保育指針，幼保連携型認定こども園教育・保育要領と領域「言葉」の変遷

1　『保育要領』と領域「言葉」

　わが国における戦後の保育，幼児教育は 1946（昭和 21）年「恒久の平和を念願」するものとして，制定された「日本国憲法」，そして翌年，1947（昭和 22）年，新しい教育の基礎を確立するために「教育基本法」「学校教育法」が公布され，これにより，まず幼稚園が学校という教育機関の 1 つに位置づけられた。しかし，この時，幼稚園における教育について，その目的・目標は示されたものの，保育内容については示されなかった。そこで文部省は，連合総司令部（GHQ）の初等教育担当官であったヘレン・ヘファナン女史（Helen Heffernan）から提供された「幼児期における保育に対する示唆」を参考にし，1948（昭和 23）年に『保育要領』を刊行する（保育所については 1950〔昭和 25〕年に厚生省が「保育所運営要領」を作成）。その保育内容は「楽しい幼児の経験」を重視し，幼児の生活経験から「見学」「リズム」「休息」「自由遊び」「音楽」「お話」「絵画」「製作」「自然観察」「ごっこ遊び・劇遊び・人形芝居」「健康保育」「年中行事」の 12 項目が設定された。中でも現在の領域「言葉」と関連のあるものとして，次の項目が示されている。

　　保育要領──幼児教育の手引き
　　六　幼児の保育内容──楽しい幼児の経験
　6　お話

> ……幼児は書かれた文字を通してではなく，話されることばを耳を通して学ぶのである。ことばの抑揚・発音・声の調子・語数・文法等すべて耳を通して習得するのであるから，常に正しいことばを聞かせてやることがたいせつである。ささやきにはささやきをもって，大声には大声をもって応ずるものであるから，よい手本を示すことが，幼児に対する正しい言語教育である。……
>
> 　人の語ることばをよく聞く態度を養成することもたいせつである。このためには，童話・おとぎ話・詩などを聞かせてやる。それはまた幼児の想像を豊かにするものである。
> ……………………………………………………………………………………
> 　10　ごっこ遊び・劇遊び・人形芝居
> 　ごっこ遊び
> ……………………………………………………………………………………
> 　劇遊び（お話遊び）
> 　幼児自身の生活となって楽しめるお話遊びなども大いに取り入れられなければならない。幼児は童話を聞くとそれを遊びにしてみたいと考えるものである。たとえば，三匹の子ぶたの話を聞くと，これを直ちに遊びにする。大きい男の子はおおかみになり，小さい子はそれぞれ三匹の子ぶたになって，話で聞いた筋を興味深く再現しようとする。ちょっとした指導によって，少しの組織とヒントとを与えてやると，おもしろい劇化されたお話の遊びができるものである。

　これらのことから『保育要領』において言葉についての教育として求められていたものとして次のような内容が挙げられる。

①正しい言葉遣いを身に付ける。

②童話やおとぎ話などを聞くことを通して，人の話を聞く態度を身に付ける。

③劇遊びなど，言葉を使った遊びを楽しむ。

　そして，この『保育要領』は，保育者や幼稚園のためだけではなく，保育所

や託児所などのいろいろな幼児のための施設, さらには, 家庭で子育てをする母親など, 幅広い対象のために作成されたことが特徴なのである。

2　幼稚園教育要領の成立と領域「言葉」

　1956 (昭和31) 年に, 『保育要領』を改訂した教育要領が作成された。この教育要領の特徴としては次の内容が挙げられる。

　①幼稚園のみを対象としていること。

　②幼稚園の保育内容と小学校の教育内容に一貫性を持たせたこと。

　③幼稚園教育の目標を具体化し, 指導計画作成に役立つようにしたこと。

　④幼稚園教育における指導上の留意点を明示したこと。

　⑤保育内容が初めて「領域」という言葉で扱われ6領域に区分されたこと。

　特に保育内容が, 『保育要領』では「楽しい幼児の経験」から, 実際の幼児の活動を中心にした12項目であったのに対し,「教育要領では幼児に活動させるためには, 事項を組織しなければ実際の幼児の活動にならないという特性をもっている」とし,「健康」「社会」「自然」「言語」「絵画制作」「音楽リズム」の6領域に区分された。

　この6領域のうち, 現在の領域「言葉」につながる領域として「言語」が示されている。

　この6領域の分類は, 幼児の生活経験を組織的に考え, かつ指導計画を立案する便宜さから設定されたものであり, 小学校の教科とは異なることから, 領域という言葉によって示されたのである。

　しかし実際には, 小学校の教科である「国語」や「社会」「理科」「音楽」などと, 幼稚園における領域「健康」「社会」「自然」「言葉」「絵画制作」「音楽リズム」などとがよく似ていることから, 保育現場では, 小学校の各教科と教育要領の6領域は, 同様な性格を持つものと認識されやすかったのである。そしてこれに加え, 学校教育の一貫性から, 小学校との連携意識が強く生まれてしまったのである。

3 幼稚園教育要領の「告示」と保育所保育指針の「通知」

　その後，1964（昭和39）年において教育要領は，初めて「告示」となり，これにより，法的拘束力を持つものとなった。

　一方，保育所については，1965（昭和40）年，厚生省児童家庭局から初めて「保育所保育指針」が通知された。この保育指針では，第1章「総則」に保育理念が，以下の通り明記されたのである。

①保育所は，保育に欠ける乳幼児を保育することを目的とする児童福祉のための施設であること。

②保育は，常に乳幼児が安定感をもって十分活動ができるようにし，その心身の諸能力を健全で，調和の取れた姿に育成しなければならないこと。

③養護と教育とが一体となって，豊かな人間性をもった子どもを育成するところに，保育所における保育の基本的性格がある。

　そして，この保育指針は教育要領と比較して，次のような特徴が見られる。

①教育要領は，わが国の基準として文部大臣の「告示」となっていたのに対し，保育指針は厚生省児童局長の「通知」として出された。

②これまでの保育所行政において，子どもの指導については「教育」という言葉は使われなかったが，これ以後，使われるようになった。

③教育要領では，「ねらい」を幼稚園修了までとし，年齢で区分することがなく設定したのに対し，保育指針では多様な年齢層の子どもが存在することから，保育内容を「1歳3カ月未満児」から「6歳児」までの7つの段階に区分して示した。

　そして，この7つの年齢区分と保育の内容構成について表1－1のように示されたのである。さらに，領域「言葉」については「言語」として3歳児以上の保育の内容に組み込まれ，4歳児以上では，教育要領の6領域がほぼ合致するような形で構成されたのである。

　しかし，この時の教育要領においても，領域名を変更しなかったことに加え，『幼稚園教育指導書』を領域別に作成（幼稚園教育指導書「言語」は1970〔昭和45〕年に作成）し，それに望ましい経験や活動を示したことなどにより，

表1－1　1965（昭和40）年通知「保育所保育指針」保育の内容構成

保育の年齢区分	保育の内容構成
1歳3カ月未満児	生活・遊び
1歳3カ月から2歳まで	
2歳児	健康・社会・遊び
3歳児	健康・社会・言語・遊び
4歳児	健康・社会・言語・自然・音楽・造形
5歳児	健康・社会・言語・自然・音楽・造形
6歳児	健康・社会・言語・自然・音楽・造形

（筆者作表）

これまでの教育要領に対する誤った認識が修復されることはなく，引き継がれてしまったのである。

　このような状況の中，当時の領域「言語」の指導について，次のような問題点を指摘することができるのである。

　領域「言語」と小学校の教科である国語と，教科・領域名が類似しているための誤解に加え，幼稚園教育の目標には，「ことばの正しい使い方を身に付ける」（教育要領），保育の目標には，「ことばを，豊かに，正しく身に付けさせる」（保育指針）と「正しく」とあることが強く強調されたため，言語の指導に一層の力が込められたことである。

　たとえば，現場における言葉の指導において，昼食時のあいさつや降園時でのお帰りのあいさつなど園生活における様々な場面で，子どもたちに集団で唱えさせることが言葉の指導として有効であるのか。毎日同じ形式的なあいさつを繰り返し行うことが自然とも考えられる場面もある。しかし，連日のように同じ形式的なあいさつを繰り返すだけで，その時々，その場面で，その状況にしっかりと対応したあいさつや話し言葉を子ども自身に身に付けさせることが

できるのか疑問なのである。

　このような状況に鑑み，平成元年には幼稚園教育要領，平成2年には保育所保育指針が改訂されたのである。

4　1989（平成元）年幼稚園教育要領，及び1990（平成2）年保育所保育指針の改訂

　この改訂された教育要領では，第一章「総則」，第二章「ねらい及び内容」，第三章「指導計画作成上の留意事項」からなる非常に簡潔なものとなった。そして，その特徴は次の通りである。

　①第一章「総則」に幼稚園教育の基本を示し「環境による教育」「幼児期にふさわしい生活の展開」「遊びを通しての総合的指導」「一人一人の発達の特性に応じた指導」などを幼稚園教育の基本とすることが明示されたこと。

　②これまでの6領域が5領域「健康」「人間関係」「環境」「言葉」「表現」に変更されたこと。

　③幼稚園教育の「ねらい」を幼稚園修了までに育つことが期待される「心情，意欲，態度など」とし，保育の特質を明示したこと。

　また，保育指針も教育要領の改訂との整合性を図るため改訂が行われ，1990（平成2）年に厚生省児童局長の通知として示されたのである。特に教育要領と大きく異なることは，保育内容構成で，「ねらい」と「内容」が「6カ月未満児」から「6歳児」までの8区分に分けて示されており，「内容」のうち，3歳以上児では，生命の維持と情緒の安定に関わる事項については，5領域とは別に「基礎的事項」として示されていることである。

　この改訂された教育要領と保育指針では，先述した問題点を踏まえ5領域に変更された。特にこれまで領域「言語」として示された領域が「言葉」に変更された。これは，これまでの言語を正しく身に付けるための指導から，子どもが，自分の感じたこと，考えたことなどを友達や保育者などに自分の言葉を使って表現したり，伝える意欲，さらには，相手の話を興味・関心を持って聞く態度など，園生活を通して，様々な言葉に出会い感覚を豊かにすることに重

点が置かれたためなのである。

5　1998（平成10）年幼稚園教育要領，及び1999（平成11）年保育所保育指針の改訂

　教育要領については，先の教育要領の趣旨を受け継ぐということであったが，この改訂では幼稚園教育は「生きる力の基礎」を育むことが明示された。また保育指針では教育要領の改訂に伴い，多少の整合性を図る程度で，1990（平成2）年のものを踏襲したものとなったのである。

6　2008（平成20）年幼稚園教育要領の改訂と保育所保育指針の改定

　現代の幼児を取り巻く様々な環境の変化や家庭地域における教育力の低下などにより，様々な問題点が指摘されるようになった。そこで，2006（平成18）年に「教育基本法」，2007（平成19）年に「学校教育法」が改正され，幼稚園の位置づけが明確となり，幼稚園教育の重要性がより一層明確に示された。

　「教育基本法」「学校教育法」の改正を踏まえて改訂された教育要領では大きな改訂はないが，「義務教育及びその後の教育の基礎を培う」という視点から，次のポイントを示すことができる。

　①発達や学びの連続性を踏まえ，幼・小の円滑な連携を図ること。

　②幼稚園と家庭などでの生活の連続性を踏まえた幼児教育の充実を図ること。

　③幼稚園における子育て支援及び預かり保育の充実を図ること。

　また，保育指針では，これまで保育指針は厚生省児童家庭局長の「通知」であり，この通知を受けた都道府県知事はこれに基づき，管内の市町村の保育所及び保育士の指導を行うものであった。しかし，子どもを取り巻く環境が大きく変化し，保育所に求められる機能がますます拡大する中，2008（平成20）年に大幅な改定がなされたのである。その内容は次の通りである。

　①保育指針が，これまでの厚生省児童家庭局長「通知」から厚生労働大臣が定める「告示」に変更され，これにより規範性を有する最低基準として，幼稚園教育要領と同じ位置づけになった。

②保育指針が，これまで13章により内容が構成されていたものを，7章に
　整理され大綱化された。

③保育指針が保育現場はもちろんのこと，子育てをしている保護者にも活用
　され，理解が深まるよう，その内容が分かりやすい表現に見直された。

④保育指針に合わせて内容の解説や補足説明などを記載した解説書（ガイド
　ライン）が作成された。

　特に，このような保育指針の大きな改定の中，保育内容の領域「言葉」にお
いて注目すべきは，「伝え合う」力を育むことに重点が置かれていることであ
る。

　これまで教育要領等には，この「伝え合い」という文言は使われておらず，
今回この文言が示されたことで，人と人との関係の中で適切な言葉により，適
切に表現したり，理解することのできる力を養う指導が求められているといえ
るのである。

7　2014（平成26）年幼保連携型認定こども園教育・保育要領の告示

　2015（平成27）年，少子化の進行，都市部を中心とした待機児童問題，児
童虐待など，わが国が抱える様々な問題の解消を目的に「子ども・子育て支援
新制度」が始まった。その一環として認定こども園の一類型である幼保連携型
認定こども園について学校及び児童福祉施設としての法的位置づけを明確にす
るとともに，その教育及び保育の内容について，教育・保育要領が策定された。

　これは，教育要領及び保育指針との整合性，及び小学校における教育との円
滑な接続が，図られた内容となっている。

　また，幼保連携型認定こども園以外の認定こども園においても，この教育・
保育要領の内容を踏まえることとされた。

8　2017（平成29）年幼稚園教育要領の改訂，保育所保育指針の改定，幼保連携型認定こども園教育・保育要領の改訂

　今回の改訂（定）における最も大きな変更は，教育要領において，前文が付

け加えられ, ここでは「教育基本法」第1条に基づき, 幼児期における教育について5つの目標が明示されたことである。そして, 幼児教育において生きる力の基礎を培うために育みたい資質・能力3項目を踏まえ, 「幼児期の終わりまでに育ってほしい姿」10項目とこれまでの5領域との関連が示された。これは, 幼児教育を行う施設でもある保育所, 並びに幼保連携型認定こども園においても共有すべき事項として, 保育指針及び教育・保育要領にも示された。これに基づき, 教育機関としての幼稚園, 保育所, 幼保連携型認定こども園と小学校との教育の円滑な連携の強化も明示されたのである。

　中でも「幼児期の終わりまでに育ってほしい姿」について, 特に領域「言葉」の視点からは次のような姿が示されている。

第1章　総　則
第2　幼稚園教育において育みたい資質・能力及び「幼児期の終わりまでに育ってほしい姿」
　3　(9)　言葉による伝え合い
　先生や友達と心を通わせる中で, 絵本や物語などに親しみながら, 豊かな言葉や表現を身に付け, 経験したことや考えたことなどを言葉で伝えたり, 相手の話を注意して聞いたりし, 言葉による伝え合いを楽しむようになる。

　これにより, 保育者との信頼関係を通して, 子ども自身が自分の思いを言葉で伝えること, そして 興味・関心を持って注意して相手の話を聞きながら次第に言葉の理解へとつなげていく伝え合う力の重要性が示されている。さらに, この力を身に付けるためには, 絵本や物語など, 言葉を使った教材などを幅広く活用し, その内容と自分の経験などを結び付けたり, 想像したりすることによる面白さや楽しさにより, 豊かなイメージが養われるとともに言葉に対する感覚も育まれていくことの重要性が明示されたのである。

　その他, 教育要領における改訂については以下の通りである。

①教育課程の役割と編成等について，「幼児期の終わりまでに育ってほしい姿」を踏まえながら，資質・能力を育成するため，家庭・地域の支援などを経ながらのカリキュラム・マネジメントの実現が明示された。

②指導計画作成上の留意事項では，資質・能力を育むための主体的・対話的な深い学びの必要性と子ども一人一人の評価の重要性が明示された。

③特別な配慮を必要とする幼児への指導について障害のある子ども及び海外から帰国した子どもに対し，個々のそれぞれの実態の把握と個別の指導計画の作成と活用の必要性が明示された。

④幼稚園運営上の留意事項において園内の教職員の協働体制によるカリキュラム・マネジメントの充実について明示された。

そして，保育指針においても次のような特徴が見られる。

①「総則」に新たに「養護に関する基本的事項」が設けられ，「養護の理念」及び「養護に関わるねらい及び内容」が明示された。

②「保育の計画及び評価」において，保育の目標を達成するため，子どもの発達過程を踏まえながら，子どもや家庭の実態，そして地域の状況などを考慮し，全体的な計画を創意工夫し，作成するとともに評価の結果を踏まえた改善による，質の向上の重要性が明示された。

③「保育の内容」において，「乳児保育に関わるねらい及び内容」「1歳以上3歳未満児の保育に関わるねらい及び内容」「3歳以上児の保育に関するねらい及び内容」の3区分に分けられ，主に教育に関する側面から示されるとともに，「子どもの発達」が削除された。

④「健康及び安全」においてアレルギー疾患を有する子どもへの対応，保育中の事故防止対策の充実を図ることの重要性が明示されるとともに災害への備えについて新たに付け加えられた。

⑤「職員の資質向上」においても，キャリアパスの明確化と研修体系作成による職員の資質や専門性向上の必要性について明示された。

さらに，教育・保育要領の改訂においては，保護者の就労等にかかわらず，教育・保育を一体的に行う施設として，また地域の子育て支援の拠点としての

特性から, 教育要領及び保育指針との整合性に基づいて, 次のような特徴が見られる。

①「総則」において, 幼保連携型認定こども園では, その特性から様々な年齢や生活背景を持つ子どもに対する教育及び保育を通しての学びの連続性に配慮することが示された。

②「教育及び保育の内容並びに子育て支援に関する全体的な計画等」において, 教育及び保育において育みたい資質·能力を踏まえつつ, 子育て支援等も含めた全体的な計画の作成, 実施及び改善に基づく, カリキュラム·マネジメントの推進の必要性が明示された。

③旧教育·保育要領の「指導計画作成にあたっての配慮すべき事項」が「指導計画の作成と幼児理解に基づいた評価」に改められ, その中の「指導計画の作成上の注意事項」に4項目追加された。そのうち, 領域「言葉」に関する事項は, 次の通りである。

第1章　総　則
第2　教育及び保育の内容並びに子育て支援等に関する全体的な計画等
2　指導計画の作成と園児の理解に基づいた評価
　(3)　指導計画の作成上の留意事項
エ　言語に関する能力の発達と思考力等の発達が関連していることを踏まえ, 幼保連携型認定こども園における生活全体を通して, 園児の発達を踏まえた言語環境を整え, 言語活動の充実を図ること。

また, 「園児の理解に基づいた評価の実施」が新たに設けられ, 子ども一人一人の発達の理解に基づく評価の重要性と留意事項について示された。

④「ねらい及び内容並びに配慮事項」において, 保育指針の「乳児保育のねらい及び内容」及び「1歳以上3歳未満児の保育のねらい及び内容」が取り入れられ, 「3歳児以上の教育及び保育のねらい及び内容」と分けて具体的に示された。

⑤「健康と安全」が，保育指針の内容に基づき新たに設けられた。

⑥「子育て支援」について，保育所との整合性を図りながら，幼保連携型認定こども園の特性を踏まえ，新たに設けられた。

2節　幼稚園教育要領と領域「言葉」

1　領域「言葉」の重要事項

2017年改訂の教育要領において，領域「言葉」では，特に次の2点が重要事項として挙げられる。

a　「ねらい」における重要事項

今回の改訂においては，これまで通り子どもの言葉が，様々な環境や遊びを通して，主体的に，自発的に関わることによって，様々なものを見たり，聞いたり，感じたりして養われていくこと，そして，そのような体験を通して，様々なことに気づき，考え，さらに興味や関心を持って他者と関わっていくという繰り返しの中で，知覚や感情，そして思考をも言葉に結びつけて，表現する力が養われていくことについて変わりはない。しかし，旧教育要領では，領域「言葉」のねらい（3）が「日常生活に必要な言葉が分かるようになるとともに，絵本や物語に親しみ，先生や友達と心を通わせる」であったが，2017年改訂教育要領では「日常生活に必要な言葉が分かるようになるとともに，絵本や物語などに親しみ，言葉に対する感覚を豊かにし（下線は筆者。以下同様），先生や友達と心を通わせる」となった。この新たに加えられた，「言葉に対する感覚を豊かにし」という文言は，他者と心を通わせるために，絵本などへの親しみを通して，豊かな言葉を獲得し，表現するだけではなく，言葉の持つ面白さや楽しさを感じながら興味・関心を高め，言葉の感覚を養っていくこと，そして，これにより他者とのつながりを深め，さらには小学校への教育へとつながる基礎となるものであることの重要性を示すものである。

　　b　「内容の取扱い」についての重要事項

　言葉に対する感覚を豊かにする配慮の重要性が示されたことである。そのため，「内容の取扱い」について先述のねらい（3）と関連する次の事項が新たに設けられた。

　「内容の取扱い」（4）「幼児が生活の中で，言葉の響きやリズム，新しい言葉や表現などに触れ，これらを使う楽しさを味わえるようにすること。その際，絵本や物語に親しんだり，言葉遊びなどをしたりすることを通して，言葉が豊かになるようにすること」である。これは，言葉の感覚的な楽しさや面白さにも重点を置く必要性が示されている。つまり言葉の持つ響きやリズムなどの微妙なニュアンスを絵本や物語，言葉遊びなどの様々な教材などを幅広く活用し，子ども自身がその面白さや楽しさに気づき，取り入れながら，これを他者と伝え合うことができるような援助の必要性が示されているのである。

2　領域「言葉」の「ねらい」

　幼稚園教育における領域「言葉」では，「経験したことや考えたことなどを自分なりの言葉で表現し，相手の話す言葉を聞こうとする意欲や態度を育て，言葉に対する感覚や言葉で表現する力を養う」という観点から，「ねらい」「内容」「内容の取扱い」が示されている。

　「ねらい」は幼稚園教育において育みたい資質・能力を子どもの生活する姿からとらえたものである。「内容」は，「ねらい」を達成するために指導する事項である。つまり，園生活での子どもの主体的な体験，経験を通して，徐々に達成するために保育者が援助を行う具体的な活動内容である。

　そして「ねらい」及び「内容」に基づく活動は，園での活動全体を通して資質・能力が育まれている子どもの「幼児期の終わりまでに育って欲しい姿」であることを踏まえて，指導を行う時に考慮しなければならない。

　さらに，保育者が子どもの発達を踏まえた指導を行うに当たって，留意しなければならない具体的事項として「内容の取扱い」が示されている。

　以下においては，まず「ねらい」について説明する。

> **言葉**
>
> 経験したことや考えたことなどを自分なりの言葉で表現し，相手の話す言葉を聞こうとする意欲や態度を育て，言葉に対する感覚や言葉で表現する力を養う。

1 ねらい

(1) 自分の気持ちを言葉で表現する楽しさを味わう。

(2) 人の言葉や話などをよく聞き，自分の経験したことや考えたことを話し，伝え合う喜びを味わう。

(3) 日常生活に必要な言葉が分かるようになるとともに，絵本や物語などに親しみ，言葉に対する感覚を豊かにし，先生や友達と心を通わせる。

　子どもは，誕生後，保護者をはじめ，身の回りの人々との関わりを通して言葉を獲得していく。そして，幼児は，自分の思いを言葉によって表現できた時，さらにこの働きかけに相手がうなずきながら言葉で応答した時，その楽しさを感じ，また働きかける。そして，このような他者との言葉による相互作用の経験を繰り返すことにより，言葉で表現する能力が高まっていくのである。そのため，保育者は園生活の中で心を動かす経験を重ねて，その経験したことや考えたことを自分なりに話すとともに，相手の話を聞くことの大切さに気づき，その態度を育てることが重要である。そして，これらのことを通して，相互に伝え合う喜びを味わうことができるようになるのである。

　また，幼児は，園生活の中で関わる様々な他者と一緒に活動したり，生活を送ることを通して，次第に日常生活に必要な言葉を理解し獲得していくのである。

　さらに，絵本を見たり，物語を聞くことにより，想像上の世界などを楽しみながら，様々な思いを巡らし，言葉の持つ響きやリズムなどの微妙なニュアン

スの面白さ, 楽しさに気づき, それを取り入れながら, 自分自身の思いを言葉により表現し, 保育者や友達と共有することによりつながりを深めていくことが重要である。

3　領域「言葉」の「内容」

　領域「言葉」の「内容」は以下の10事項が設定されている。これは旧教育要領の内容と同一である。

2　内容

(1)　先生や友達の言葉や話に興味や関心をもち, 親しみをもって聞いたり, 話したりする。

(2)　したり, 見たり, 聞いたり, 感じたり, 考えたりなどしたことを自分なりに言葉で表現する。

(3)　したいこと, してほしいことを言葉で表現したり, 分からないことを尋ねたりする。

(4)　人の話を注意して聞き, 相手に分かるように話す。

(5)　生活の中で必要な言葉が分かり, 使う。

(6)　親しみをもって日常の挨拶をする。

(7)　生活の中で言葉の楽しさや美しさに気付く。

(8)　いろいろな体験を通じてイメージや言葉を豊かにする。

(9)　絵本や物語などに親しみ, 興味をもって聞き, 想像をする楽しさを味わう。

(10)　日常生活の中で, 文字などで伝える楽しさを味わう。

（1）先生や友達の言葉や話に興味や関心をもち, 親しみをもって聞いたり, 話したりする。

　幼稚園において, 幼児が保育者や園長先生, 他の子どもたちなど様々な人々と言葉を交わすようになるためには, まず, 安定した安心できる園生活が必要

である。そのためには，信頼関係が形成されていることが決め手となる。幼児は，自分の思いを信頼できる相手に言葉で伝えたり，相手の話を聞いたりといった信頼関係を基盤とした相互作用に喜びを感じ，言葉により表現する意欲や人の話を聞く態度が育っていくのである。

　また，園生活を通して保育者や友達が使う言葉に興味や関心を持ち，幼児自身が，それらの言葉を積極的に模倣することによって，互いの思いなどを伝え合うことができるようになる過程が重要なのである。

（2）したり，見たり，聞いたり，感じたり，考えたりなどしたことを自分なりに言葉で表現する。

　幼児には，心を動かすような直接的体験が重要である。このような体験を幼児は信頼する他者に伝えようとする。そして，これらの体験は幼稚園内だけとは限らず日常生活全般を通して体験し，徐々に伝えることも増えていく。

　しかし，入園当初の３歳児では，まだ言葉で表現することが困難な場合がある。その時には，幼児が伝えようとしている思いを保育者が受け止めるとともに，その思いを言葉で表現し，幼児にどのように言葉で表現すればよいか理解させていくことも重要である。

（3）したいこと，してほしいことを言葉で表現したり，分からないことを尋ねたりする。

　幼稚園は集団生活の場である。園生活を通して言葉により，自分の要求を伝えたり，また，相手の要求に応えなくてはいけない場面は多々ある。この時，一方的に自分の要求を押し通せば友達ともめることになるだろう。

　このような体験を繰り返す中で自分がやりたいことや相手にしてほしいことなどを言葉によって相手に伝え，合意を得ることの必要性に気づいていくのである。

　さらに，集団生活を通して，自分が分からないことや知らないことなどについて，保育者や他の子どもたちに相手が分かる言葉で尋ねることの必要性，重要性を理解していくのである。

（4）人の話を注意して聞き，相手に分かるように話す。

　人の話を聞くことは，子どもたちが幼稚園生活の中で，保育者をはじめ，様々な人の話を聞くという体験を積み重ねながら，相手の話に注意を向けることへの必要性，重要性に気づき，身に付いていくものである。

　さらに，自分なりに言葉を使って考えや要求などを伝えたつもりでも，正しく伝わらなかったり，話す相手，つまり保育者や同年齢の子ども，異年齢の子どもなど，相手に応じて言葉使いや表現の仕方を変える必要が生じる場合がある。子どもたちは園生活の中で身近な人々の会話などを聞きながら，様々な相手に適応した話し方が養われていくのである。

（5）生活の中で必要な言葉が分かり，使う。

　園生活においては，普段日常生活の中で使わない言葉がある。園において様々な活動を通して，保育者や他の子どもたちとこれらの言葉を使い，徐々に理解し，行動できるようになるのである。

　そのため保育者は，園生活の中での様々な場面において必要な言葉を使い，その使い方や意味などを具体的に子どもたちに伝え，理解できるような配慮が重要である。

（6）親しみをもって日常の挨拶をする。

　子どもたちはこれまで家庭において家族とのあいさつは経験しているが，園生活が始まったばかりの子どもたちは園生活に戸惑い，日常のあいさつも最初からできるわけではない。

　そのため保育者があたたかな雰囲気作りを心がけ，園生活の中で，登園時や降園時をはじめ，様々な場面で子どもたちに積極的に言葉がけをする必要がある。また，保育者同士や子どもの保護者，来園した様々な人々と出会い，あいさつをする姿や，言葉により伝え合う姿を見せることで，子どもたちはあいさつを互いに交わす親しみや心地よさ，大切さを感じ，その必要性を理解していくのである。

（7）生活の中で言葉の楽しさや美しさに気付く。

　園生活の中で，言葉は単にその意味や内容を伝えたり，理解するためだけに使われているのではない。たとえば，絵本や物語の中の様々なものの音を表現

する言葉の響きやリズムなどを楽しんだり美しく感じたり，興味を持って耳を傾けたりする。また，保育者の話す言葉を美しく感じたり，さらに，友達を呼ぶ時などは名前で呼んだり，愛称で読んだり，同じ意味を持つ言葉であっても相手により，その表現の仕方を変化させる必要が生じる場合もある。

このように園生活を通して言葉の様々な楽しさや美しさに気づきながら，言葉の感覚を豊かにしていくのである。

(8) いろいろな体験を通じてイメージや言葉を豊かにする。

イメージや言葉を豊かにするためには，様々な直接的な体験が必要である。しかし，子どもたちは初めから体験を通して自分が感じたことや見たことを言葉を使って表現できるわけではなく，多くは，感覚的なイメージとして蓄積されていくのである。

そして園生活や家庭，地域における様々な生活体験がイメージとして心に蓄えられ，また同じ体験をした保育者や友達の言葉を聞くことで，イメージがより確かなものとなる。それらが言葉と結びつきながら理解されていくことが重要であり，言葉の豊かさにつながっていくのである。

(9) 絵本や物語などに親しみ，興味をもって聞き，想像をする楽しさを味わう。

幼児期に様々な絵本や物語に出会うことは非常に重要である。

絵本や物語などを通して子どもたちはこれまでの自分が体験してきたことと結びつけながら楽しんでいる。園生活では家庭とは異なり，自分の興味のあるものだけではなく，保育者や友達の興味や関心などにより，様々な絵本や物語，紙芝居などに幅広く目が向けられるようになり，新しい世界に対して興味や関心が高められていくのである。そして，このように新しい世界を知ることは子ども自身の現実の生活を土台とし，その物語の登場人物になったり，様々なことを想像する楽しみを感じることのできる機会となる。そこには不思議さや驚きを感じたり，感動したりする。時には，悲しみや悔しさなどを感じ，他人の痛みなどを知る機会にもなるのである。

(10) 日常生活の中で，文字などで伝える楽しさを味わう。

日常生活の中に存在する文字や，絵，標識などの記号には，様々な機能があ

り，子どもたちは直接的な生活体験を通して，それぞれが持つ機能に気づき，その意味を理解していくのである。また，園生活においては複数の学級や保育者，多くの子どもたちがいるため，名前などの文字を理解することが必要になり，徐々に文字や記号について理解を深めていく。

　そのため保育者は，文字などの記号などへの関心と理解が一人一人の子どもにできるだけ自然に育っていくような環境構成への配慮が必要である。そして，読み書きの関心や能力は個人差が大きいため，子ども一人一人の文字や記号に対する興味や関心を受け止め，その子どもなりに必要感を持って，読んだり書いたりすることができるような，個々の援助が重要である。

4　領域「言葉」の「内容の取扱い」

　旧教育要領の「内容の取扱い」は4項目であったが，新教育要領では（4）において「幼児が生活の中で，言葉の響きやリズム，新しい言葉や表現などに触れ，これらを使う楽しさを味わえるようにすること。その際，絵本や物語に親しんだり，言葉遊びなどをしたりすることを通して，言葉が豊かになるようにすること」が，新たに設けられ，5項目となった。

　特に「内容の取扱い」については，本節「1　領域「言葉」の重要事項　b「内容の取扱い」についての重要事項」（23ページ）参照。

　3　内容の取扱い

　　上記の取扱いに当たっては，次の事項に留意する必要がある。

　（1）　言葉は，身近な人に親しみをもって接し，自分の感情や意志などを伝え，それに相手が応答し，その言葉を聞くことを通して次第に獲得されていくものであることを考慮して，幼児が教師や他の幼児と関わることにより心を動かすような体験をし，言葉を交わす喜びを味わえるようにすること。

　（2）　幼児が自分の思いを言葉で伝えるとともに，教師や他の幼児などの話を興味をもって注意して聞くことを通して次第に話を理解する

ようになっていき，言葉による伝え合いができるようにすること。

（3）　絵本や物語などで，その内容と自分の経験とを結び付けたり，想像を巡らせたりするなど，楽しみを十分に味わうことによって，次第に豊かなイメージをもち，言葉に対する感覚が養われるようにすること。

（4）　幼児が生活の中で，言葉の響きやリズム，新しい言葉や表現などに触れ，これらを使う楽しさを味わえるようにすること。その際，絵本や物語に親しんだり，言葉遊びなどをしたりすることを通して，言葉が豊かになるようにすること。

（5）　幼児が日常生活の中で，文字などを使いながら思ったことや考えたことを伝える喜びや楽しさを味わい，文字に対する興味や関心をもつようにすること。

3節　保育所保育指針と領域「言葉」

1　領域「言葉」の重要事項

保育指針の，2017（平成29）年における改定の内容については，変遷において先述した通りであるが，保育の内容について，次のような重要事項が見られる。

a　「ねらい及び内容」の構成における重要事項

旧保育指針では，5領域について全年齢を通して大綱的に示されたが，新保育指針では，子どもの発達上の連続性を重視し，「乳児保育に関わるねらい及び内容」「1歳以上3歳未満児の保育に関わるねらい及び内容」「3歳以上児の保育に関するねらい及び内容」の3区分に分けられ，新たに設けられたのである。

　また，旧保育指針では，教育の側面については，「健康」「人間関係」「環境」「言葉」「表現」の5領域から構成されていた。しかし，新保育指針の「乳児保育に関わるねらい及び内容」の場合，その発達特性からこれまでの5領域に分けることが困難なため「健やかに伸び伸びと育つ」「身近な人と気持ちが通じ合う」「身近なものと関わり感性が育つ」という3つの視点に分けて示された。

　　b　「ねらい及び内容」の内容における重要事項

　新保育指針では，「ねらい及び内容」の内容が主に教育に関わる側面から「基本的事項」「ねらい」「内容」「内容の取扱い」で示された。また区分ごとに全般的な「保育の実施に関わる配慮事項」が示されている。

　なお，「基本的事項」は3区分各々保育を展開していく上で，保育者が常に留意すべき心身の発達過程と，その特徴及び保育の視点について示されている。

　さらに，保育の実施に関して，保育者が特に留意すべき点について「保育の実施に関して留意すべき事項」として示されている。

2　領域「言葉」の「ねらい及び内容」

　保育所保育における「ねらい」は保育の目標をより具体化したものであり，子どもが保育所における安定した生活，充実した活動を通して，育みたい資質・能力をとらえたものである。そして，「内容」は「ねらい」を達成するために，子どもの生活やその状況に応じて保育士等が適切に行う事項及び保育士等が援助して子どもが環境に関わって経験する事項を示したものである。

　そして，保育とは子どもの生命の保持及び情緒の安定を図るため保育者が行う援助である「養護」と，子どもが健やかに成長し様々な活動がより豊かに展開されるための発達の援助である「教育」が一体的に展開されるものである。

　（1）領域「言葉」の「乳児保育に関わるねらい及び内容」

　a　領域「言葉」の「ねらい」

　「乳児保育に関わるねらい及び内容」おいて，3つの視点のうち，領域「言葉」と深い関連を持つのは「身近な人と気持ちが通じ合う」であろう。以下に

示す。

> イ　身近な人と気持ちが通じ合う
>
> 　受容的・応答的な関わりの下で，何かを伝えようとする意欲や身近
> な大人との信頼関係を育て，人と関わる力の基盤を培う。
>
> （ア）ねらい
>
> ①　安心できる関係の下で，身近な人と共に過ごす喜びを感じる。
>
> ②　体の動きや表情，発声等により，保育士等と気持ちを通わせよう
> 　とする。
>
> ③　身近な人と親しみ，関わりを深め，愛情や信頼関係が芽生える。

　安心・安定した園生活を通してこれら「ねらい」が達成されることを基盤として，特に領域「言葉」の「ねらい」と関連するのは，「②　体の動きや表情，発声等により，保育士等と気持ちを通わせようとする」である。乳児期は誕生後の急激な環境の変化や様々な他者との関わりを通して著しい発育・発達が見られる時期である。はじめは子どもの発声や喃語などによる欲求表現に対し，特定の保育者が応答的に関わることにより，子どもとの間に絆が形成され，安心・安定した園生活を送ることができるのである。さらに保育者のやさしい言葉がけなど受容的・応答的な関わりとこれに対する子どもの応答を相互に繰り返しながら，さらに絆が深まり，子ども自ら自分の欲求を喃語や表情などにより伝えられるようになるのである。このねらいを達成するために何よりも保育者の言葉などによる受容的・応答的な関わりが重要である。

　b　領域「言葉」の「内容」

　「内容」においては，「①　子どもからの働きかけを踏まえた，応答的な触れ合いや言葉がけによって，欲求が満たされ，安定感をもって過ごす」「②体の動きや表情，発声，喃語等を優しく受け止めてもらい，保育士等とのやり取りを楽しむ」「④保育士等による語りかけや歌いかけ，発声や喃語等への応答を通じて，言葉の理解や発語の意欲が育つ」が領域「言葉」に関係している。こ

こで子どもの喃語などによる自発的な働きかけと，保育者の言葉がけなどによる受容的・応答的な援助との相互作用を繰り返しながら，徐々に保育者から自分に向けられた気持ちや簡単な言葉の理解や発語の意欲につながり，「ねらい」の②が達成されていくことが示されたのである。

　（イ）内容

①　子どもからの働きかけを踏まえた，応答的な触れ合いや言葉がけによって，欲求が満たされ，安定感をもって過ごす。

②　体の動きや表情，発声，喃語等を優しく受け止めてもらい，保育士等とのやり取りを楽しむ。

③　生活や遊びの中で，自分の身近な人の存在に気付き，親しみの気持ちを表す。

④　保育士等による語りかけや歌いかけ，発声や喃語等への応答を通じて，言葉の理解や発語の意欲が育つ。

⑤　温かく，受容的な関わりを通じて，自分を肯定する気持ちが芽生える。

---

c　領域「言葉」の「内容の取扱い」

　「内容の取扱い」においては「②身近な人に親しみをもって接し，自分の感情などを表し，それに相手が応答する言葉を聞くことを通して，次第に言葉が獲得されていくことを考慮して，楽しい雰囲気の中で保育士等との関わり合いを大切にし，ゆっくりと優しく話しかけるなど，積極的に言葉のやり取りを楽しむことができるようにすること」が領域「言葉」と関連している。この項目においても保育者の言葉がけなどによる子どもに対する受容的，応答的援助との相互作用を繰り返し，関わりを深めていくことの重要性が示されている。

　（ウ）　内容の取扱い

　上記の取扱いに当たっては，次の事項に留意する必要がある。

①　保育士等との信頼関係に支えられて生活を確立していくことが人

> と関わる基盤となることを考慮して，子どもの多様な感情を受け止め，温かく受容的・応答的に関わり，一人一人に応じた適切な援助を行うようにすること。
>
> ②　身近な人に親しみをもって接し，自分の感情などを表し，それに相手が応答する言葉を聞くことを通して，次第に言葉が獲得されていくことを考慮して，楽しい雰囲気の中での保育士等との関わり合いを大切にし，ゆっくりと優しく話しかけるなど，積極的に言葉のやり取りを楽しむことができるようにすること。

　また，乳児保育に関わる「保育の実施に関わる配慮事項」において，5項目のうち，特に「イ　一人一人の子どもの生育歴の違いに留意しつつ，欲求を適切に満たし，特定の保育者が応答的に関わるように努めること」が領域「言葉」と関連しており，保育の際には，保育者は留意する必要がある。

(2) 領域「言葉」の「1歳以上3歳未満児の保育に関わるねらい及び内容」
a　領域「言葉」の「ねらい」

　2017年度改定の保育指針では「1歳以上3歳未満児の保育に関するねらいと内容」が5領域として，新たに設けられた。領域「言葉」の「ねらい」について以下に示す。

> エ　言葉
> 　経験したことや考えたことなどを自分なりの言葉で表現し，相手の話す言葉を聞こうとする意欲や態度を育て，言葉に対する感覚や言葉で表現する力を養う。
> 　（ア）ねらい
> ①　言葉遊びや言葉で表現する楽しさを感じる。
> ②　人の言葉や話などを聞き，自分でも思ったことを伝えようとする。
> ③　絵本や物語等に親しむとともに，言葉のやり取りを通じて身近な

> 人と気持ちを通わせる。

　1歳を過ぎる頃になると，保育者の言うことが分かるようになる。そして，子ども自身も自分の意思を保育者に伝えたいという思いが高まり，片言の言葉で伝えようとするのである。また，発声も明瞭になり語彙も増加してくる。この時期，言葉遊びや絵本，物語などの様々な教材を通して，言葉の持つ面白さや楽しさを感じるとともに，意欲的に言葉を使って自分の思いを伝えようとしたり，身近な人との言葉によるやり取りなどの体験・経験を通して，言葉の獲得とともに，豊かな感覚を身に付けることの重要性が示されたのである。

　b　領域「言葉」の「内容」

　「内容」は，以下の7項目が新たに設けられた。

　（イ）　内容

　①　保育士等の応答的な関わりや話しかけにより，自ら言葉を使おうとする。

　②　生活に必要な簡単な言葉に気付き，聞き分ける。

　③　親しみをもって日常の挨拶に応じる。

　④　絵本や紙芝居を楽しみ，簡単な言葉を繰り返したり，模倣をしたりして遊ぶ。

　⑤　保育士等とごっこ遊びをする中で，言葉のやり取りを楽しむ。

　⑥　保育士等を仲立ちとして，生活や遊びの中で友達との言葉のやり取りを楽しむ。

　⑦　保育士等や友達の言葉や話に興味や関心をもって，聞いたり，話したりする。

---

①　**保育士等の応答的な関わりや話しかけにより，自ら言葉を使おうとする。**

　子どもにとってまず何よりも大切なのは，保育者との絆である。そして，その絆は，保育者の子どもへの積極的な言葉がけなどの働きかけとそれに対する

子どもの反応の相互作用の繰り返しによって形成されていく。その絆により信頼できる保育者に対して，子ども自身が自ら言葉を使おうとする意欲が生まれるのである。

② 生活に必要な簡単な言葉に気付き，聞き分ける。

園生活を通して，保育者の子どもへの働きかけや，その他の様々な会話を耳にする機会を通して，様々な言葉があることに気づく。そして，子ども自身が生活する上で必要な簡単な言葉を理解し，獲得することができるようになるのである。

③ 親しみをもって日常の挨拶に応じる。

あいさつは，人間社会において，最も必要不可欠なものである。あいさつによる自然な働きかけとそれに対する反応の繰り返しを通して，喜びを感じ，親しみが生まれるのである。

④ 絵本や紙芝居を楽しみ，簡単な言葉を繰り返したり，模倣をしたりして遊ぶ。

絵本や紙芝居などの教材を幅広く活用することにより，その内容と子ども自身の体験を結び付けて楽しんだり，片言の言葉を繰り返したりする。お話に出てくる面白い言葉などに気づき，これを模倣したりしながら言葉の持つリズム感や微妙なニュアンスなどの面白さに気づき，豊かな言葉の感覚を身に付けていくのである。

⑤ 保育士等とごっこ遊びをする中で，言葉のやり取りを楽しむ。

保育者とともにごっこ遊びを通して，子ども自身が体験・経験したことや自分の知っている物語などを再現する。そして言葉と結び付けながら，やり取りを楽しむことは，言葉の理解とこれに対する興味・関心をさらに高めていくためには重要なことである。

⑥ 保育士等を仲立ちとして，生活や遊びの中で友達との言葉のやり取りを楽しむ。

この頃，子どもは生活の中で自分の思っていることや感じていることを片言の言葉で伝えようとする意欲が高まる時期でもある。しかし，友達などとの互いの思いの伝え合いは，発達上困難である。そのため，保育者がその思いをしっかりと受け止めながら，子ども同士のパイプ役となり，そのやり取りを通

して喜びや楽しさを感じることの重要性が示されたのである。

⑦　保育士等や友達の言葉や話に興味や関心をもって，聞いたり，話したりする。

　保育者や友達などの言葉や話に興味や関心を持って聞いたり話したりするためには，日常において十分にそれらの人々と関わることが重要である。その関わりの中で伝え合う喜びや面白さ，楽しさなどが，聞いたり話したりする意欲につながるのである。

　c　領域「言葉」の「内容の取扱い」

　「内容の取扱い」では，この時期保育者は，片言から二語文，さらにはごっこ遊びのやり取りなど，子どもの言葉の発達が顕著に進む時期であることを認識しながら，特に「②子どもが自分の思いを言葉で伝えるとともに，他の子どもの話などを聞くことを通して，次第に話を理解し，言葉による伝え合いができるようになるよう，気持ちや経験等の言語化を行うことを援助するなど，子ども同士の関わりの仲立ちを行うようにすること」において，子ども同士が自分の思いを互いに伝え合うことができるよう，保育者が仲立ちとして重要な役割を果たさなければならないことが示されているのである。

　（ウ）　内容の取扱い
　　上記の取扱いに当たっては，次の事項に留意する必要がある。
①　身近な人に親しみをもって接し，自分の感情などを伝え，それに相手が応答し，その言葉を聞くことを通して，次第に言葉が獲得されていくものであることを考慮して，楽しい雰囲気の中で保育士等との言葉のやり取りができるようにすること。
②　子どもが自分の思いを言葉で伝えるとともに，他の子どもの話などを聞くことを通して，次第に話を理解し，言葉による伝え合いができるようになるよう，気持ちや経験等の言語化を行うことを援助するなど，子ども同士の関わりの仲立ちを行うようにすること。
③　この時期は，片言から，二語文，ごっこ遊びでのやり取りができる程度へと，大きく言葉の習得が進む時期であることから，それぞれ

> の子どもの発達の状況に応じて，遊びや関わりの工夫など，保育の内
> 容を適切に展開することが必要であること。

(3) 領域「言葉」の「3歳以上児の保育に関わるねらい及び内容」

a　領域「言葉」の「ねらい及び内容」

　領域「言葉」の「3歳以上児の保育に関わるねらい及び内容」については，教育要領における「ねらい及び内容」と比較して，「幼児」と「子ども」や「先生」と「保育士等」という言葉遣いや，多少の文言の違いはあっても，その内容は変わっていない。「ねらい及び内容」の説明については，「2節　幼稚園教育要領と領域「言葉」」（22ページ）を参照してほしい。

b　領域「言葉」の「保育の実施に関わる配慮事項」

　新保育指針では，「3　3歳以上の保育に関するねらい及び内容」には，新たに「(3)　保育の実施に関わる配慮事項」として，3項目が新たに設けられた。これらの中で，特に領域「言葉」に関連する配慮事項について以下に示す。

> (3)　保育の実施に関わる配慮事項
> ア　第1章の4の (2) に示す「幼児期の終わりまでに育ってほしい
> 　　姿」が，ねらい及び内容に基づく活動全体を通して資質・能力が育ま
> 　　れている子どもの小学校就学時の具体的な姿であることを踏まえ，指
> 　　導を行う際には適宜考慮すること。
> （以下省略）

3　領域「言葉」の「保育の実施に関して留意すべき事項」

　旧保育指針では，「保育の実施上の配慮事項」として「(1) 保育に関わる全般的な配慮事項」「(2) 乳児保育に関わる配慮事項」「(3) 3歳未満児の保育に関わる配慮事項」「(4) 3歳以上児に関わる配慮事項」以上4項目に分類されていた。2017年度改定の保育指針では「4　保育の実施に関して留意すべき事

項」として「(1) 保育全般に関わる保育事項」「(2) 小学校との連携」「(3) 家庭及び地域社会との連携」の３項目に分類され, すべての領域に関連する事項として, 以下の通り示された。

---

　(1) 保育全般に関わる配慮事項

ア　子どもの心身の発達及び活動の実態などの個人差を踏まえるとともに, 一人一人の子どもの気持ちを受け止め, 援助すること。

イ　子どもの健康は, 生理的・身体的な育ちとともに, 自主性や社会性, 豊かな感性の育ちとがあいまってもたらされることに留意すること。

ウ　子どもが自ら周囲に働きかけ, 試行錯誤しつつ自分の力で行う活動を見守りながら, 適切に援助すること。

エ　子どもの入所時の保育に当たっては, できるだけ個別的に対応し, 子どもが安定感を得て, 次第に保育所の生活になじんでいくようにするとともに, 既に入所している子どもに不安や動揺を与えないようにすること。

オ　子どもの国籍や文化の違いを認め, 互いに尊重する心を育てるようにすること。

カ　子どもの性差や個人差にも留意しつつ、性別などによる固定的な意識を植え付けることがないよう配慮すること。

　(2) 小学校との連携

ア　保育所においては, 保育所保育が, 小学校以降の生活や学習の基盤の育成につながることに配慮し, 幼児期にふさわしい生活を通じて, 創造的な思考や主体的な生活態度などの基礎を培うようにすること。

イ　保育所保育において育まれた資質・能力を踏まえ, 小学校教育が円滑に行われるよう, 小学校教師との意見交換や合同の研究の機会などを設け, 第１章の４の (2) に示す「幼児期の終わりまでに育って欲しい姿」を共有するなど連携を図り, 保育所保育と小学校教育との円滑な接続を図るよう努めること。

ウ　子どもに関する情報共有に関して，保育所に入所している子ども
の就学に際し，市町村の支援の下に，子どもの育ちを支えるための資
料が保育所から小学校へ送付されるようにすること。
(3)　家庭及び地域社会との連携
　子どもの生活の連続性を踏まえ，家庭及び地域社会と連携して保育
が展開されるよう配慮すること。その際，家庭や地域の機関及び団体
の協力を得て，地域の自然，高齢者や異年齢の子ども等を含む人材，
行事，施設等の地域の資源を積極的に活用し，豊かな生活体験をはじ
め保育内容の充実が図られるように配慮すること。

4節　幼保連携型認定こども園教育・保育要領と領域「言葉」

1　領域「言葉」の重要事項

　教育・保育要領の，2017（平成 29）年における改訂の内容については，変
遷において先述した通りであるが，保育の内容について，次のような重要事項
が見られる。

　a　「ねらい及び内容並びに配慮事項」の構成についての重要事項

　旧教育・保育要領の「ねらい及び内容並びに配慮事項」では，これまで領域
「言葉」をはじめとする 5 領域について，全年齢を通して大綱的に示されてい
た。しかし，2017 年改訂の教育・保育要領では，保育指針と同様に子どもの
発達上の連続性を重視し，「乳児期の園児の保育に関わるねらい及び内容」「満
1 歳以上 3 歳未満の園児の保育に関わるねらい及び内容」「満 3 歳以上の園児
の保育に関するねらい及び内容」の 3 区分に分け，新たに設けられた。特に乳
児の保育の内容においては，発達の側面から，乳児は「健やかに伸び伸びと育
つ」「人と気持ちが通じ合う」「身近なものと関わり感性が育つ」の 3 つの視点
から示し，幼児は 5 領域として示された。

　ｂ　「ねらい及び内容並びに配慮事項」の内容についての重要事項

　新教育・保育要領では，その内容も新保育指針との整合性が図られており，主に教育に関わる側面から「基本的事項」「ねらい」「内容」「内容の取扱い」で構成されている。

　しかし，新教育・保育要領では，新保育指針に示されている各区分毎の「保育の実施に関わる配慮事項」の記述はない。

2　領域「言葉」の「ねらい及び内容並びに配慮事項」

　教育・保育要領における「乳児期の園児に関するねらい及び内容」「満１歳以上満３歳未満の園児の保育に関するねらい及び内容」「満３歳以上の園児の教育及び保育に関するねらい及び内容」については，「保育士等」と「保育教諭等」，「乳児保育」と「乳児期の園児の保育」，「子ども」と「園児」など，言葉遣いや，多少の文言の違いはあっても，内容は教育要領や保育指針と整合性が図られている。「ねらい及び内容」の説明について，３歳以上児は「２節　幼稚園教育要領と領域「言葉」」（22ページ），３歳未満児については「３節　保育所保育指針と領域「言葉」　２　領域「言葉」と「ねらい及び内容」　(1)　領域「言葉」と「乳児保育に関わるねらい及び内容」」（32ページ）及び「(2)　領域「言葉」の「１歳以上３歳未満児の保育に関わるねらい及び内容」」（34ページ）の項を参照してほしい。

3　領域「言葉」の「教育及び保育の実施に関する配慮事項」

　旧教育・保育要領では，「保育の実施上の配慮事項」として「１　乳児期の園児の保育に関する配慮事項」「２　満１歳以上満３歳未満児の園児の保育に関する配慮事項」について示されていた。新教育・保育要領では，これまでの内容に加え，幼保連携型認定こども園における教育及び保育の全般的な配慮事項が，新たに示された。これは，すべての領域に関連する事項として，以下の通り示されたのである。

第4　教育及び保育の実施に関する配慮事項

　2　幼保連携型認定こども園における教育及び保育の全般において以下の事項に配慮するものとする。

　(1) 園児の心身の発達及び活動の実態などの個人差を踏まえるともに，一人一人の園児の気持ちを受け止め，援助すること。

　(2) 園児の健康は，生理的・身体的な育ちとともに，自主性や社会性，豊かな感性の育ちとがあいまってもたらされることに留意すること。

　(3) 園児が自ら周囲に働き掛け，試行錯誤しつつ自分の力で行う活動を見守りながら，適切に援助すること。

　(4) 園児の入園時の教育及び保育に当たっては，できるだけ個別的に対応し，園児が安定感を得て，次第に幼保連携型認定こども園の生活になじんでいくようにするとともに，既に入園している園児に不安や動揺を与えないようにすること。

　(5) 園児の国籍や文化の違いを認め，互いに尊重する心を育てるようにすること。

　(6) 園児の性差や個人差にも留意しつつ，性別などによる固定的な意識を植え付けることがないようにすること。

演習課題

1．乳児保育の基盤となる子どもとの信頼関係を形成するために必要な保育者の受容的・応答的な関わりとは何か，具体的に考えてみよう。

2．子どもの「言葉に対する感覚を豊かにする」ために，様々な教材（絵本，紙芝居，物語，言葉遊びなど）の活用方法を考えてみよう。

引用・参考文献

生野金三　領域「言葉」の研究　埼玉学園大学紀要（人間学部篇）　第 10 号　2010

厚生労働省　保育所保育指針解説書　フレーベル館　2008

厚生労働省　保育所保育指針　フレーベル館　2009

厚生労働省　保育所保育指針　フレーベル館　2017

民秋言編　幼稚園教育要領・保育所保育指針の成立と変遷　萌文書林　2008

内閣府　文部科学省　厚生労働省　幼保連携型認定こども園教育・保育要領　フレー
　　ベル館　2017

成田朋子・小澤文雄・本間章子編著　保育実践を支える人間関係　福村出版　2009

ミネルヴァ書房編集部編　保育所保育指針　幼稚園教育要領　解説とポイント　ミ
　　ネルヴァ書房　2008

無藤隆・柴崎正行編　新幼稚園教育要領・新保育所保育指針のすべて　別冊 [発達]29
　　ミネルヴァ書房　2009

無藤隆・汐見稔幸・砂上史子　ここがポイント！3 法令ガイドブック　フレーベル
　　館　2017

森上史朗　教育要領・保育指針の制定の経緯と変遷　発達№ 113　Vol.29　ミネルヴァ
　　書房　2008

森本眞紀子・川上美智子　保育内容に関する研究（Ⅲ）－平成元年（1989）以降の
　　幼稚園教育要領における「領域」に焦点を当てて－　中国学園大学／　中国短期
　　大学　2011

文部科学省　幼稚園教育要領　フレーベル館　2008

文部科学省　幼稚園教育要領　フレーベル館　2017

2章　言葉の発達

　子どもはどのような道筋を経て言葉を獲得していくのだろうか。

　2017年（平成29）年に改訂（改定）された幼稚園教育要領，保育所保育指針，幼保連携型認定こども園教育・保育要領を参考にしながら，誕生から就学までの言葉の発達の様相を全体的発達とともに概観し，子どもの言語活動をより豊かなものにするために考えておくべきことがらを概説する。

1節　言葉の発達を中心にした乳幼児期の発達の様相

1　乳児

①おおむね6カ月未満

　誕生後，母体内から外界への急激な環境の変化に適応し，著しい発達が見られる時期である。

　約3kgでこの世に生まれてくる人間の赤ん坊は，ポルトマン（Portmann, A.）が1年間生理的早産の状態で生まれてくると指摘しているように，他の哺乳類に比べて大層未熟な状態で生まれてくる。そのため，かつては新生児は刺激を受け止める感受性や学習能力はないといわれていたが，最近では様々な能力を持って生まれてくることが分かってきている。視力は0.03にすぎないが25cm以内であれば見えるし，区別もして見ている。授乳時の母親と赤ん坊の距離がこの距離とほぼ同じであることは大変意味のあることで，自然のすばらしさを思わずにはいられない。聴力は妊娠6カ月頃から音の大小を区別でき，

新生児でも母音を区別できる。

　生後2カ月頃になると，母親が安定した抱き方で，赤ん坊の目を見て話しかけながら授乳していると，赤ん坊は母親の顔をじっと見るようになる。大人のほうでも元来，赤ん坊が泣いたり笑ったりすると，あやしたり，世話をする性質を持っていて，母親からの話しかけも多くなる。母親の話しかける声はマザリーズと呼ばれ，いつもの声より少し高い調子，ゆったりとした声，短く，繰り返しの多い発語であり，赤ん坊はこれに同調したように手足を動かす。すでにこの時期に赤ん坊と他者とのコミュニケーションは始まっているのである。そのうち機嫌の良い時に「アー」「クー」など喉を使って出す母音を中心とした音（クーイング）を出し始める。

　3カ月頃には首がすわり，手足の動きも活発になり，物をつかもうとしたり，手足を使って一人遊びしたりする。音声面でも「ブー」「パー」といった子音と母音がつながった音を出し始める。これは6カ月以降の真の喃語へと移行する発声であり，1人でも発声遊びをするが，赤ん坊が声を出した時に母親が真似をすると，それを受けて声を出すというように，2人でおしゃべりに熱中している，話しこんでいるように受け取れる場面が展開される。このような関わりが後の言葉のやり取りにつながっていくと考えられる。

　4カ月になると声をあげて笑うようになり，家族以外の人をじっと見たり，そのうち親と見比べたりする。親とそれ以外の人を区別し始めたのである。

　それまではたまたま手にふれた物をつかむことしかできなかった赤ん坊も，5カ月を過ぎる頃，目と手の協応が発達し始め，見たものに手を延ばそうとし始める。手にした物を何でも口に入れる時期がしばらく続く。

　その後6カ月頃には，寝返り，腹這いなど全身の動きが活発になり，泣く，笑うなどの表情の変化や体の動き，喃語などで自分の欲求を表現し，これに応答的に関わる特定の大人との間に情緒的な絆が形成される。

　この時期は，生まれながらに備わっている能力が次第に社会的・心理的な意味を持つものへと変わっていく時期といえる。

②おおむね６カ月から１歳

　6，7カ月になるとお座りができるようになり，机の前に座らせると，机を手のひらでたたいたりして遊ぶ。その後，這う，立つ，つたい歩き，そして遂には一人歩きができるようになる。

　お座りができる頃，「ババババ」のように同じ音を繰り返す反復喃語が多くなる。1人でも自分の手に向かって喃語や反復喃語を話して楽しむ様子が見られるが，母親が傍に行くと発声頻度が高まり，イントネーションの幅も広がる。喃語，反復喃語を話す中でいろいろな発声を練習し，コミュニケーションの方法も練習していることになる。また，ほめられたり，叱られたりは雰囲気で分かり，嬉しそうにしたり，ばつの悪そうな顔をしたりする。

　このような母親との生活の中で情緒的結びつきが深まり，家族以外の人に対して緊張した表情をする。人見知り（8カ月不安）と呼ばれる現象であるが，赤ん坊によって程度に差があり，ほんの少し表情が変わるだけのものから大泣きするものまで様々である。

　8カ月頃には，動作模倣もし始め「おつむてんてん」を楽しんだりする。また，落としたものを探そうとしたり，隠されたものを探そうとする。物は一時

ばぁー

的に見えなくなってもなくなるわけではないということ（物の永続性）を理解し始めたのである。隠れたものが出てくる「いないいないばー」を喜ぶのは永続性を獲得し始めたからである。母親がいなくなると，それまでは泣いたりするだけだったのが，這い這いによる後追い行動が見られる。

　それまでは，おもちゃで遊んでいる時に声をかけられると，おもちゃを放り出して大人とのやり取りを行っていたが，9カ月を過ぎる頃からは，物を人に渡すことができるようになり，受け取る役と渡す役を交互に演じ，ゲームとして楽しみ始める。それまでの自分と母親，自分と事物という単純な二項関係が統合されたもので，三項関係と呼ばれ，後の言葉を介した対話の原型である

（57ページ，図2-1参照）。このような身近な大人との関係の中で，子どもは，自分の意思や欲求を音声，指さし，身振りなどで伝えようとし，大人から自分に向けられた気持ちや簡単な言葉が分かるようになり，伝えたい，聞いてもらいたいという表現意欲を高めていく。

　そして1歳頃に初めて意味のある言葉を話し始める。話し始めるまでのプロセスについては，まず喃語，反復喃語で発音の練習をし，自分の気持ち，欲求を泣き声だけでなく，音声で伝える→情緒的に結びついている母親と同じことをしたいという気持ちが強くなり，動作だけでなく，音声模倣も盛んに行う→このようなやり取りの中で，その音声がどういう場面で使われるのかが分かり，食べ物がほしい時にマンマと発声するようになる，という道のりをたどるのである。

　以上のような言葉が出てくる仕組みはどの子どもにも共通であるが，初語の時期やその後の発達の様相には個人差があることを忘れてはならない。

　初語が出現した後しばらくの間，子どもは，1つの言葉に様々な思いを込めて表現をする。その内容は，言葉のみからは理解できないが，話された状況，身振り，表情すべてから推測される。

　生後約1年余りかけて，歩行・言葉という人間の印を身に付けていくのである。

2　1歳以上3歳未満

①おおむね1歳

　1歳になる頃，一人立ちができ，1歳過ぎに一人歩きを始めた後，日に日にしっかりした歩き方ができるようになり，身近な人や身の回りのものに自発的に働きかけていく。指先の力も強くなり，小さな玩具などをしっかり握るようになる。つまむ，絵本をめくるなど，様々な動作を使って外界に働きかけ，まわりの世界を整理していくのである。この頃よく観察される，ヘアーブラシを手渡すと頭にもっていこうとする行動からは，ヘアーブラシは髪の毛を整える道具であることを理解している，つまり，言葉で言えなくても動作的にまわり

の世界を認知し始めていることが分かる。

1歳前後で言葉を話し始めた後，片言や動作で自分の意思を表すようになるが，前項でも述べたように，使える言葉はわずかしかなく，1つの言葉で様々な内容を表現しようとする。これを一語発話（一語文）という。その後，大人のいうことが分かるようになり，自分の意思を親しい大人に伝えたいという欲求が高まり，指さし，身振り，片言などを盛んに使うようになる。

1歳半頃になると，お皿を洗う真似をするなど日常行動の模倣をし始める。また，目の前にある積木が自動車になる，丸いものがハンドルになるなどイメージを広げ，先端に球のついた棒を手に，口をもぐもぐさせて食べる真似をしたり，母親にも食べる真似をさせたりして，楽しい遊び（象徴遊び）にしていく。目の前にある積木，丸いもの，球のついた棒を代用に，自動車，ハンドル，アメ玉をイメージしたのである。さらに何日か経ってからの模倣（延滞模倣）も観察される。現在知覚しているもの（今，ここにあるもの）でそこにないもの（今ここにないもの）を呼び起こし，それの代用をする働きを象徴機能というが，この時期に表れる象徴遊びや延滞模倣は象徴機能の出発点と考えられる。

これらを基盤にして，言葉（意味するもの）と言葉がさし示すもの（意味されるもの）とを区別して使うようになる。ところが，区別の仕方は子ども特有のものであることが多く，大人と異なった言葉の使い方をすることもある。このような積み重ねの中で，言葉（意味するもの）と言葉がさし示すもの（意味されるもの）との対応を見つけ，言語における象徴機能を成立させていく。ここから本来の意味での言葉の発達が始まり，言葉の数も増え，人や物との関わりが強まる。1歳半を過ぎ，50くらいの語を使えるようになった後，急に言葉の数が増える時期があり，語彙の爆発期と呼ばれる。そして1歳代の終わり頃になると二語発話も話し始める。

②おおむね2歳

2歳になる頃には，身長は約80cm，体重は生まれた時の約4倍の12kgになる。歩く，走る，跳ぶなどの基本的な運動機能が発達し，2歳代の間にぴょん

ぴょん跳んだり，三輪車を足でけって遊び始めたりもする。指先の機能も発達し，紙をちぎったり，貼ったり，クレヨンでなぐり描きをしたりして遊びが広がる。乳歯が生えそろい，ほとんど何でも食べられるようになるのと相まって，スプーンやフォークを使って自分で食べようとし始める。また，パンツを脱いだり，靴をはいたりと，身の回りのことを自分でしようとする。また排泄の自立のための身体機能も整ってくる。

　発声が明瞭になり，語彙も著しく増加し，助詞も使い始め，自分の意思や欲求を言葉で表出できるようになる。「がんばれ」を「バンガレ」と言い間違えたり，「ブランコガ　ノリタイ」のような言い間違いをすることもあるが，それまでに獲得した言葉や言い方を積極的にいろんな場面で使ってみようとしているのである。模倣を盛んにするが，大人の言葉をそのまま模倣するのでなく，自身の中で組み立てなおし，いろいろな風に使ってみることを繰り返す中で，徐々に大人と同じ使い方や話し方を身に付けていくと考えられる。

　2歳過ぎに「○○クンノ」「○○チャンノ」「ジブンデ」など自分を表す言葉が聞かれるようになり，自分というものが少しずつはっきりしてきたことが分かる。自分という意識が出てきて，ほめられると嬉しそうにするが，あくまでも自分を中心にした主観的なものの考え方，自分なりのやり方で行動しようとする。行動範囲が広がり，外遊びも多くなり，探索活動が盛んになる中，自分の存在をまわりに示し始める。自我の育ちの表れであるが，自分を主張し，受け入れられないと，態度で反抗し始める時期に入る。

　また，友達の名前も言い始める。これは，同じ年齢の子どもに関心が出てきたことの表れであるが，ただ単に一緒にいること自体が楽しいのであり，まだ一緒に遊ぶことは難しい。この頃は，象徴機能の発達により，大人と一緒に簡単なごっこ遊びを楽しむようになる時期であり，無理に子ども同士遊ばせることのないようにしたい。大人とのごっこ遊びを楽しむ関わりが，

いっしょ！

後の言葉や知能の発達を支えるのである。

3　3歳以上

①おおむね3歳

　基本的な運動機能が伸び，歩く，走る，跳ぶ，押す，引っ張る，投げる，転がる，ぶらさがる，またぐ，蹴るなどの基本的な動作が一通り身に付き，階段を両足交互に踏み出して昇り降りしたり，三輪車をペダルを踏んで乗り回すことができるようになる。食事，排泄，衣類の着脱などもほぼ自立できるようになる。基本的な生活習慣がある程度自立することにより，子どもの心の中に「何でも自分でできる」という意識が芽生え，大人の手助けを拒む事態も起こる。

　言葉の面でも，理解できる語彙数が急激に増加し，「おはよう」などあいさつの言葉を自分から使うようになり，言葉を交わす心地よさを体験していく。大人の言葉やませた言葉遣いを真似たりする中で，言葉の規則にも気がつき始め，「オニギリ　ニサツ」「エビ　アイスクリーム」のように，新しい言葉を自分で作り出したりして，言葉を習得し，豊かにしていく。言葉の獲得を通して，知的興味や関心が高まり，盛んに質問するようになり，その質問ややり取りの結果として，言葉による表現がますます豊かになっていく。

　自我がよりはっきりしてくるとともに，友達との関わりが多くなるが，実際には，同じ場所で同じような遊びをそれぞれが楽しんでいる平行遊びであることが多い。平行して遊びながら他の子どもの遊びを模倣したり，遊具を媒介に，取り合いからけんかになることもあるが，そこから関わりが生まれ，次第に共通したイメージを持って遊びを楽しめるようになる。

　この頃の大人や友達との遊びの大きな部分はごっこ遊びである。ごっこ遊びとは，子どもが周囲にあるいろいろな生活を模倣し，そのものになりきり，想像力を活発に働かせてする幼児期特有の遊びであるが，日常生活において印象深かった体験，興味あることを再現することから始まる。これまでに培ってきた象徴機能や観察力が発揮され，遊びの内容に発展性が見られるようになる。

空想を広げ，童話やメルヘンの世界を楽しむが，空想がどんどん広がって現実との区別がつかなくなり，時には，本当は持っていないのに「○○（玩具）モッテル」と言うこともある。

　身体的にも知的にも発達し，これまでの経験から，予想や意図，期待を持って行動できるようになるが，まだまだ自分中心であり，まわりの大人を困らせることもしばしばある。いわゆる第一反抗期の出現である。この時期の反抗は大人からは困った行動であっても，これまでに育んできた大人との関係を基礎に，子どもの何でも自分でしてみたいという気持ちの表れであり，頭ごなしに禁止するよりは気をつけてやらせたほうがよい。そして，危険がともなうこと，他人に迷惑がかかることは，理由を言葉で説明して，一つ一つ教えていくことが必要である。

②おおむね4歳

　全身のバランスをとる能力が発達し，ブランコの立ちこぎ，片足とび，スキップをするなど体の動きが巧みになる。手先も器用になりはさみを扱えるようになる。2つの行動を同時に行えるようになる。水，砂，土，草花，虫など身近な自然環境に興味を示し，積極的に関わろうとする。砂場遊びや泥団子作りに夢中になったり，虫を捕ったりと，感覚を総動員して様々な物の特性を知り，それらとの関わり方や遊び方を体得していく。

　想像力が広がり，絵本の世界と現実の世界を重ね合わせて考えたり，大きな音や暗がり，お化けを怖がったりする。友達とイメージを共有しながら想像の世界の中でごっこ遊びに没頭して遊ぶが，現実の世界と想像の世界の区別に気づき始めたのであろうか，「ニセモノノ　アシタ　マタネ」のように想像の世界と現実の世界を行きつ戻りつ，ごっこ遊びが進むこともある。

　想像力が豊かになり，目的を持って行動し，作ったり，描いたり，試したりするようになるが，自分の行動やその結果を予測して不安になるなどの葛藤も経験する。

　言葉の面では，日常生活の中で自分の意志をほぼ正確に伝えられるようになるが，時には言いたいことが沢山ありすぎてうまくしゃべれないこともある。

　一人一人の友達との関わりができ，つながりが強くなる中で，玩具の取り合い，お互いに自分を通そうとしての言い争い，けんかが増えてくる。時にはとっくみあいのけんかも起こるほどである。しかし，けんかをする中で，相手を知り，自分を知り，自分の殻を破っていく，また思いやりも育つのである。その一方で，決まりの大切さに気づき，守ろうとするようになる。感情が豊かになり，身近な人の気持ちを察し，少しずつ自分の気持ちを抑えられたり，我慢ができるようになってくる。そして，じゃんけんで順番を決めるなど，友達と楽しく遊ぶにはどうしたらよいかを自分たちで工夫し始める。

　③おおむね５歳

　基本的な生活習慣が身に付き，指示されなくても１日の生活の流れを見通しながら次にとるべき行動が分かり，手洗い，着替えなど自分から行うことができる。自分のことだけでなく，進んで大人の手伝いをしたり，年下の子どもの世話をしたりする。

　運動機能はますます伸び，大人が行う動きのほとんどをできるようになる。縄跳び，ボール遊び，鬼ごっこ，アスレチックなどを仲間とともに活発に遊び，自分たちに合ったルールを皆で考えたりする。手先の器用さも増し，紐を結ぶ，雑巾を絞るなどもできるようになる。

　話し言葉については，幼児語によるおしゃべりは減っていき，皆の前では大きな声で，内緒話は小さな声でといったその場に応じた話し方が身に付いてくる。ところが，この頃になるとおしゃべりだった子どもが以前ほどしゃべらなくなることがある。なんでもかんでも口に出して言っていたのが，かえって口に出すのをためらってしまうのである。言葉が相手と話をする道具としてだけでなく，思考の道具として内面化し始めていると考えられる。

　言葉により共通のイメージを持って遊んだり，少し先を見通して目的に向かって集団で行動することが増える。

どうなっているのかな？

宇宙ごっこなど，運動会や発表会での種目をごっこ遊びに発展させ，登園した子どもたちが何日も続いているごっこ遊びに興じる姿が観察されることがよくある。そのような遊びの中で，目的に向かって友達と楽しく活動するためには，それぞれが自分の役割を果たし，決まりを守ることが大切であることを実感していく。また，言葉による伝達や対話の必要性が増し，仲間との話し合いを繰り返しながら思いや考えを伝える力や相手の話を聞く力を身に付けていくことになる。

さらに遊びを発展させ，楽しむために，自分たちで決まりを作ったりする。また，自分なりに考えて判断したり，批判する力が生まれ，けんかを自分たちで解決しようとするなど，お互いに相手を許したり，異なる思いや考えを認めたりといった社会生活に必要な基本的な力を身に付けていく。

このような経験の中で，他人の役に立つことを嬉しく感じたりして，仲間の中の１人としての自覚が生まれる。

④おおむね６歳

全身運動が滑らかで巧みになり，跳び箱を跳んだり，ボールをつきながら走ったりと，快活に飛び回るようになる。手の動きも一段と細かなものになり，自分の思い通りに描くことができるようになる。

これまでの体験から，予測や見通しを立てる力が育ち，自信を持って意欲的に行動し，様々なことに挑戦しようとする。ところが，興味に従って１人でどんどんいろんな所に行き，時には迷子になるなど危なっかしい場合もある。

様々な知識や経験を活かし，創意工夫を重ね，遊びを発展させる。友達の主張に耳を傾け，共感したり，意見を言い合ったりしながら，協調することを身に付ける。これら遊びの中での経験が人と関わる力の基になると考えられる。そして，人と関わりを深める中で，自分への意識が高まるとともに，他者の特性，長所にも気づいていくのである。

仲間関係は以前にも増して活発に展開され，友達と遊んでいる間は生き生きしているのに，家にいる時はつまらなさそうにしたりする。仲間の気持ちを大切にしようとし，役割の分担が生まれるような協同遊びやごっこ遊びを行い，

表2-1　乳幼児期の発達

	年齢	全体的発達	言葉の発達
乳児	おおむね6カ月未満	【著しい発達】【特定の大人との情緒的な絆】誕生後，母体内から外界への急激な環境の変化に適応し，著しい発達が見られる。首がすわり，手足の動きが活発になり，その後，寝返り，腹這いなど全身の動きが活発になる。視覚，聴覚などの感覚の発達がめざましい。	【情緒的コミュニケーション】泣く，笑うなどの表情の変化や体の動き，喃語などで自分の欲求を表現し，これに応答的に関わる特定の大人との間に情緒的な絆が形成される。
	おおむね6カ月から1歳	【活発な探索活動】【愛着と人見知り】座る，這う，立つ，つたい歩きといった運動機能が発達し，腕や手先を意図的に動かせるようになることにより，周囲の人や物に興味を示し，探索活動が活発になる。特定の大人との応答的な関わりにより，情緒的な絆が深まり，あやしてもらうと喜ぶなどやり取りが盛んになる一方で，人見知りをするようになる。食事は，離乳食から幼児食へ徐々に移行する。	【言葉の芽生え】声を出したり，自分の意思や欲求を喃語や身振りなどで伝えようとする。子どもは生活の中で，応答的に関わる大人と同じ物を見つめ，同じ物を共有することを通し，盛んに指さしをするようになる。自分の欲求や気づいたことを大人に伝えようと指でさし示しながら，関心を共有し，その物の名前や，欲求の意味を徐々に理解していく。それはやがて言葉となり，一語文となるが，その一語の中には子どもの様々な思いが込められ，身近な大人との対話の基本となる。子どもは，一語文に言葉を添え，応答的に関わる大人の気持ちを敏感に感じ取りながら，伝えたい，聞いてもらいたいという表現意欲を高めていく。
1歳以上3歳未満	おおむね1歳	【行動範囲の拡大】【周囲の人への興味・関心】歩き始め，手を使い，押す，つまむ，めくるなど様々な運動機能の発達や新しい行動の獲得により，環境に働きかける意欲を一層高める。近くで他の子どもが玩具で遊んでいたり，大人と楽しそうにやり取りをしていたりすると，近づいていこうとする。	【象徴機能の発達と言葉の習得，文の出現】言葉を話すようになることにより，身近な人や身の回りのものに自発的に働きかけていく。物をやり取りしたり，取り合ったりする姿が見られるとともに，玩具などを実物に見立てるなどの象徴機能が発達し，人や物との関わりが強まる。大人の言うことが分かるようになり，自分の意思を親しい大人に伝えたいという欲求が高まる。指さし，身振り，片言などを盛んに使うようになり，二語文を話し始める。
	おおむね2歳	【基本的な運動機能の発達】【自己主張】歩く，走る，跳ぶなどの基本的な運動機能や，指先の機能が発達し，食事，衣類の着脱など身の回りのことを自分でしようとする。また，排泄の自立のための身体的機能も整ってくる。自我の育ちの表れとして強く自己主張する姿が見られる。象徴機能の発達により，大人と一緒に簡単なごっこ遊びを楽しむようになる。	【言葉を使うことの喜び】発声が明瞭になり，語彙が著しく増加し，自分の意思や欲求を言葉で表出できるようになる。見立て遊び，ふり遊びを繰り返し楽しみ，イメージを膨らませることにより象徴機能が発達し，盛んに言葉を使うようになる。また，遊びの中で言葉を使うことや言葉を交わすことの喜びを感じていく。イメージが自由に行き交うことの面白さ，楽しさを味わいながら，身近な大人や子どもとのやり取りが増えていく。

年齢		全体的発達	言葉の発達
3歳以上	おおむね3歳	【基本的生活習慣の形成】 【ごっこ遊びと社会性の発達】 基本的な運動機能が伸び，それに伴い，食事，排泄，衣類の着脱などもほぼ自立できるようになる。自我がよりはっきりしてきて第一反抗期が出現するとともに，友達との関わりも多くなるが，平行遊びであることが多い。象徴機能や観察力を発揮して，遊びの内容に発展性が見られる。予想や意図，期待を持って行動できるようになる。	【言葉による豊かな表現】 理解できる語彙数が急激に増加し，日常生活での言葉のやり取りが不自由なくできるようになる。「おはよう」など人と関わるあいさつの言葉を自分から使うようになり，言葉を交わす心地よさを体験していく。また，言葉の獲得を通し，知的興味や関心が高まり，「なぜ」「どうして」といった質問を盛んにするようになる。このような質問ややり取りを通して，言葉による表現がますます豊かになっていく。
	おおむね4歳	【自己主張と他者の受容】 全身のバランスをとる能力が発達し，体の動きが巧みになる。想像力が豊かになり，目的を持って行動するようになるが，結果を予測して不安になるなどの葛藤が生まれる。仲間とのつながりが強くなる中でけんかが増えてくるが，決まりの大切さに気づき，守ろうとするようになる。少しずつ自分の気持ちを抑えられたり，我慢ができるようになってくる。	【想像力の広がり】 【話し言葉の一応の完成】 想像力の広がりにより，イメージを膨らませ，物語を自分なりに作ったりする。様々にイメージを広げ，友達とイメージを共有しながら想像の世界の中でごっこ遊びに没頭して遊ぶことを楽しむ。 　日常生活の中で自分の意思をほぼ正確に伝えられるようになるが，うまくしゃべれないこともある。
	おおむね5歳	【基本的生活習慣の確立】 【仲間の自覚】 基本的生活習慣が身に付き，運動機能はますます伸び，運動遊びをしたり，仲間と活発に遊ぶ。遊びを発展させ，楽しむために，自分たちで決まりを作ったりする。自分なりに考えて判断したり，批判する力が生まれ，お互いに相手を許したり，認めたりといった社会生活に必要な基本的な力を身に付けていく。	【集団活動の中での伝達や対話】 【思考力の芽生え】 集団活動の中で，言葉による伝達や対話の必要性が増大し，仲間との話し合いを繰り返しながら自分の思いや考えを伝える力や相手の話を聞く力を身に付けていく。言葉を使って調整するなどの力が芽生える。
	おおむね6歳	【巧みな全身運動】 【自主と協調の態度】 【自立心の高まり】 全身運動が滑らかで巧みになり，快活に飛び回るようになる。これまでの体験から，予想や見通しを立てる力が育ち，意欲が旺盛になる。役割の分担が生まれるような協同遊びやごっこ遊びを行う。様々な知識や経験を生かし，創意工夫を重ね，遊びを発展させる。自立心が一層高まるが，身近な大人に甘えてくることもある。	【書き言葉の獲得と思考の深まり】 自ら言葉を使い，文字を書いたり読んだりする姿も見られ，社会事象や自然事象などに対する認識も高まる。友達の主張に耳を傾け，共感したり意見を言い合うことや，周囲の大人の言動についてもよく観察し，批判したり，意見を述べたりすることもある。

成田（2013）を改編

満足するまで取り組もうとする。想像力がどんどん広がりクラス全体で空想の世界をふくらませていくこともある。

　思考力や認識力も高まり，自然事象や社会事象，文字などへの興味や関心も深まり，物事をいろいろの側面からとらえ始める。自ら文字を読んだり書いたりもできるようになる。

　身近な大人に甘え，気持ちを休めることもあるが，様々な経験を通して自立心が一層高まっていく時期である。幼稚園や保育所で一番年長であることも，様々な自信を得させてくれることになり，成長に寄与しているものと思われる。

　以上の発達の様相を表2−1にまとめておく。

2節　言葉を育むために

　1節で子どもが言葉を身に付けるプロセスを概観してきたが，言うまでもなく，言葉は私たちが生活していく上で何よりも大切なものである。子どもが乳幼児期に言葉を獲得し，その後の言語活動をより豊かなものにしてくために，保育者として考えておくべきことがらを挙げておこう。

1　言語獲得の土台

　他の動物と異なり，人間のみが言葉を使用することができるのであり，私たちにとって言葉の発達は非常に重要であるにもかかわらず，言葉の発達という時，言葉を話すようになってからの発達を云々しがちである。しかし，言葉の発達を考えると，むしろ言葉を話す以前の発達が重要なのである。1節で述べた通り，子どもは1歳過ぎに初めて意味のある言葉を発するが，この初語以前の時期を前言語期といい，すでにこの時期に他者とのコミュニケーションは始まっているのである。

　対面して視線を合わせるようになる2カ月頃には，マザリーズで話しかけた母親に，手足や口を動かして，懸命に応答しようとし始める。それに対して母

図2−1　二項関係から三項関係への発達

平山諭・鈴木隆男『発達心理学の基礎Ⅱ　機能の発達』（ミネルヴァ書房，1994)

親も応答し，会話のようなやり取りが成立する。

　そして9カ月になると，子どもは大人と同じ物に注意を向け，体験を共有したり，物を指さして親に話しかけたり，おもちゃをつかむ前に親を振り返って視線による確認を行ったりする。物（人）を介して人（物）と関わる「人−物−自分」という三項関係が成立したのであり，二項関係しか結べなかったそれ以前に比べて，コミュニケーションがより豊かなものになる。さらに図2−1に示されている通り，三項関係の成立は，言語的コミュニケーションの基礎であり，その後の言語的コミュニケーションへとつながっていくのであり，三項関係の成立は，子どもの発達にとって重要であると考えられる。

　以上のように，子どもが初めて言葉を話し始める時期やその後の発達の様相には個人差があるとしても，言語獲得以前に，愛着の対象である大人とどれほど言葉以外のコミュニケーションが成立していたかが，その後の言葉の発達を支える条件であると考えられる。

2　言語獲得についての理論

　かつては，子どもは周囲の大人の言葉を模倣することによって，あるいは周囲の大人から教えられることによって言葉を獲得すると考えられていた。これを学習理論という。

　ところが二語発話期の子どもは，二語発話以上の複雑な文を示されても二語発話でしか模倣できない。また，子どもはその後わずかの期間で，4歳くらい

図2－2　言語獲得装置（LAD）
永江誠司『脳と発達の心理学　脳を育み心を育てる』（ブレーン出版，2004）

になれば，自分の気持ちをほぼ正確に伝えることができるほど目覚しい発達を
遂げる。これらのことは，子どもが単に教えられたり，模倣のみで言葉を獲得
することでは説明できないことがらである。

　このことから，チョムスキー（Chomsky, N.）は図2－2のように，人間に
は生まれつき言葉を獲得する装置（言語獲得装置）が備わっていて，だれでも
言葉を使いこなせるようになるという仮説を提唱した。子どもは生得的に言葉
に関する何らかの知識を持っていて効率的に言葉を獲得できるというのである。

　しかし，たとえ子どもが言語獲得装置を持っていたとしても，そもそも言語
刺激がなければ，言葉を獲得することは不可能であろう。また，大人の適切な
働きかけがなければ，言葉を獲得することは難しいのではないだろうか。この
ことは，日常，子どもが拙い話し方をしていても，周囲の大人が子どもの拙い
言葉の意図を汲み取って受け答えしていることから明らかであろう。このよう
な仕組みをブルーナー（Bruner, J.）は言語獲得援助システムと命名した。子
どもが潜在的に言語獲得能力を持っていたとしても，まわりからの関わりが必
要なのである。そして言語獲得援助システムは，子どもの年齢が小さいほど有
効であると考えられる。ここに，主体的な能力を持って生まれてくる子どもに
対する保育者やまわりの大人の役割があるといえよう。

3　外言と内言

　2人の子どもが話しているのを観察すると，表面的にはとても仲良く，順番

に話をしているように見えても，話の内容を詳しく見てみると，お互い相手の話題にはお構いなしに自分のことばかりを話し続けるなど，会話になっていないことが多い。ピアジェ（Piaget, J.）は，自由遊び場面での子どもの言葉を丹念に記録分析して，子どもの言葉を，伝達機能を持つ社会的言語と伝達機能を持たない自己中心性言語に分類し，幼児には他者へ向けられていない自己中心性言語が多いことを指摘した。自己中心性言語が7，8歳を境に急激に減少することから，幼児は社会的に未熟であるために自己中心性言語が多いが，年齢とともに社会的言語へ発達すると考えた。

　ピアジェの考えに対して，ヴィゴツキー（Vygotsky, L. S.）は元来言葉は社会的なものであると考えた。言葉には，コミュニケーションとして相手への伝達機能を持つ外言という言葉と，自分の行為の計画や調整，思考の道具としての機能を果たす内言といわれる言葉とがあり，自己中心性言語は，思考を支える内言が未熟であるため，伝達の手段としての言葉で代用し，独り言として外に出てしまったものであると考えたのである。子どもが「コウヤッテ，コウヤッテ，コウイウフウニシテ」などと，なにやら独り言を言いながらジグソーパズルなどをする場面に遭遇することがよくあることからうなずけよう。言葉はコミュニケーションの道具として重要であるが，思考の道具として，やり取りの相手が自分自身である場合も重要であるということである。

　さらに言葉は，コミュニケーションの道具，思考の道具に加えて，行動をコントロールする働きも持っている。幼児が「ジュンバン，ジュンバン」と独り言を言いながらブランコの順番を待つ姿がある。大人になれば内言として自分の行動をコントロールできるが，子どもは言葉に出すことにより自分の行動をコントロールしているのである。言葉の発達が遅れ，注意散漫な子どもが，言葉を獲得した後，行動に落ち着きが見られることがあるが，これは言葉の行動調整機能が働きを開始した表れであろう。

　言葉が行動を十分にコントロールするためには，言葉が行動を喚起するだけでなく，「消えているときは握らない」というように行動を制止・抑制する機能も必要である。ルリア（Luria, A. R.）はバルブ押し実験により，2歳児では，

大人からの言葉は行動を触発するが，行動をコントロールできず，3歳児では，行動調整機能が成立しつつあり，言葉に合わせようとする努力は認められるが，不安定であり，4歳中頃から5歳にかけて，言葉の意味を正しく受け止めて自分の行動を調整できるようになることを示した。これは外言から内言へ転化するプロセスであり，実験では内面化された言葉によって自分の行動を調整できるようになるまでの反応が示されている。

　おおむね6歳以降になると，外言は伝達手段として，内言は思考の道具として使われるようになり，自分の考えをまとめて伝えたり，未来のことや仮定的なことも考えることができるようになると考えられる。

4　メタ言語能力

　5，6歳になると，話をしていて，聞き手が理解していないことが分かると言い換えることがある。また幼児でも赤ん坊に話しかける際にはやさしい口調になるなど，相手の立場や年齢により発話のスタイルを変えることもできる。このように自分の発話を聞き手に合わせて調整したり，自分や他人の言葉を意識的に統制する能力をメタ言語能力という。これら言葉を調整したり，統制したりできるのは言葉を対象として見ることができることの結果である。そして，言葉の対象化によって言葉の構造や規則性に気づくようになると考えられる。

　絵本の読み聞かせの場面で，絵本を覗き込んだ子どもが「うさぎのさがあった」と発話したことからは，幼児が，うさぎはウ／サ／ギの3音からなっていること，うさぎのまん中の音節はサであることを理解している，つまり，語音の音韻的特性を認識していることが分かる。うさぎはウ／サ／ギの3音からなることを理解する能力を音節分解能力，まん中の音節がサであることを理解する能力を音韻抽出能力，音節分解能力と音韻抽出能力を総称して音韻意識という。音節分解能力，音韻抽出能力ともに文字獲得の基盤となる能力であり，音韻意識が発達することにより，しりとり遊びが可能になる。

　3，4歳以降になると子どもたちは友達とあるいは1人で様々な言葉遊びを展開させ，その中で言葉を発達させていく。メタ言語能力が本格的に発達する

のは，幼児期の終わりからといわれている。

5　読み・書き言葉

　読み・書き言葉は，私たちが社会生活を送る上で話し言葉と同様あるいはそれ以上に重要である。読み・書き言葉の学習は小学校入学後に進められるが，幼児にとっての読み・書き言葉はどのように考えるのが妥当であろうか。

　幼児の読み・書き能力について，やや古い資料であるが国立国語研究所の調査は，かな文字 71 文字中 60 字以上読めるものは 11 月時点の 4 歳児クラスで 33.7%，5 歳児クラスの 63.9% で，逆にまったく読めないものはそれぞれ 9.3%，1.1% しかいないことを示している。すなわち年中から年長にかけてほとんどの子どもが，ほとんどのかな文字を読めるようになるのである。また書くことについては，21 文字以上正しく書ける幼児は 11 月時点の 4 歳児クラスの 21.0%，5 歳児クラスの 59.0% で，まったく 1 字も書けない幼児は 4 歳児クラスで 26.8%，5 歳児クラスで 5.2% いた。このように読み・書き能力の獲得は個人差が大きく，また男女差もあり，女児のほうがやや早いことも分かった。

　子どもが文字を読めるようになるのは，自分から学ぶわけでもなく，大人が一方的に教えるのでもない。まわりの大人が日常生活の中で本を読んだり，文字を書いたりする姿から自然に文字に触れ，大人との対話の中で文字に関心を持つようになり，さらにやり取りの中でその意味を知っていくのである。このように比較的早い時期からひらがなを覚え始め，ごっこ遊びの中で「いりぐち」「でぐち」と表示するなど，文字が使われるようになり，就学を迎える頃にはかなり高い水準の読み書き能力を獲得していくのである。

　以上のように，幼児期の文字獲得は 4 歳代から 6 歳代へと長い経過をたどるのが特徴的である。小学校入学後，比較的速いスピードで進められ，個人差も相対的に小さい文字学習とは異なることを心しておく必要があるだろう。

6　1 次的言葉と 2 次的言葉

　言葉を考える時，話し言葉と書き言葉を対にして考えることが多いが，岡

図 2 - 3　ことばの重層性

岡本夏木『児童心理』（岩波書店，1991）

本夏木は 1 次的言葉と 2 次的言葉を区別している。

　1 次的言葉とは，言葉が発せられる時の状況に結びついた，親しい人との会話による言葉である。

　子どもは幼児期の終わり頃から読み書きの世界にも入っていくが，入学後は読むこと，書くこと，皆の前で発表することを学んでいく。この中で獲得される言葉が 2 次的言葉である。2 次的言葉の要件は「現前的な状況を離れた内容を」「言葉の文脈だけで」「不特定多数の他者（一般者）へ」「一方的に」などが挙げられ，音声であることもあれば，文字であることもある。2 つの言葉の関係は，質的に異なるものであり，乳幼児期から発達してきた 1 次的言葉に，学童期になって 2 次的言葉が重なっていくという関係にある。

　図 2 - 3 に示された 1 次的言葉と 2 次的言葉の重層性は，日常の会話と会議で使われる言葉から分かるよう，大人の場合も同様である。

　2 次的言葉の発達は，内言，自己の形成，社会性の発達に深い関わりがあり，発達全体の中で考える必要がある。

7　言葉の発達の遅れと「気になる子ども」

　1 節で示した子どもの発達の道筋から分かるよう，言葉がいつ頃，何語くらい出ているかということは発達の 1 つの大きな目安になるので，言葉が遅れていると親としてはとても気になるものである。しかし，言葉の発達は個人差が

大きいため，わが子の言葉の遅れを心配しながらも，「男の子は口が遅いとよく言われているし……」「この子の父親も遅かったから……」など，遅れや気がかりを否定したい気持ちが語られることも多い。

　言葉の遅れが個人差の範囲内で様子を見ていても大丈夫なのか，何か障害が疑われるのかについて，明確な基準があるわけではないが，わが国においてはこのような発達をチェックする場として1歳6カ月と3歳の乳幼児健康診査（以下，健診）が設けられている。以下はN市の1歳6カ月児健診における保護者への質問項目の一部である（番号は実際の質問用紙とは不同）。

1. ワンワン，ブーブーなど意味のある言葉をしゃべりますか。
2. 言葉だけで「新聞を持ってきて」などと言うと持ってきますか。
3. 絵本や写真で「ワンワンどれ？」などと尋ねると指さししますか。
4. 目の動きや物の見方（横目づかい，上目づかい），極端にまぶしがるなどで心配したことがありますか。
5. 後ろから名前を呼んだ時に振り向きますか。
6. ほめられると喜びますか。
7. 母親の姿が見えないと不安がりますか。
8. 大人のしぐさを真似しますか。

　質問項目の内容は，単に有意味語の数のみを問うているものではない。年齢に比べて発語が少ない場合は，まず耳の聞こえに異常はないかが疑われる。聴覚障害がないのに有意味語が出ていなかったり，言葉の理解ができていない場合は，単なる個人差として見過ごすことはできない。質問項目に加えて，話しかけた相手に関心を示し発音を真似しようとする姿が見られるか，指さししたほうを一緒に見るか（共同注視の有無）など細かく確認する必要がある。さらに，養育者とのやり取りの中で，嬉しいことや楽しいことがあると養育者を見たり，困った時や寂しさを感じた時は養育者を求めるなどの愛着行動が見られるか，「ばいばい」や「ちょうだい」「こんにちは」「いただきます」などの身振り言語や動作模倣はできているかという点も言語獲得の土台となる大切な視点である。目の前にいる子どもとのやり取りを通して，人との関係性や落ち着

きについてもしっかり観察し，何らかの支援が必要と思われる子どもに関しては，個別の発達相談や親子教室，支援センターなどを紹介し，早期からの介入を開始することが望ましい。

　加えて，母親の心理的安定を図る支援も重要である。子どもの一番身近にいる母親の心が安定していることが何より大切なことである。子どもが，ゆっくりではあるが着実に成長していることを実感できると，子育てに見通しが持て，心理的にも安定し，育児意欲が高まっていくものである。それが子どもの全体的な発達促進につながり，気づけば，言葉も伸びてきているということにつながる。

　言葉は誰かに教わらずとも自然に話せるようになるものではない。言葉の発達は子どもの育つ環境によって大きく左右されることをボウルビィ（Bowlby, J.）も明らかにしている。彼の調査（1951年）によると，母親から愛情を受けずに育った子どもたちには，身体的，情緒的，知的・言語的発達に遅れが見られた。乳幼児期の健全な発達にとっては親子関係，特に母親との接触がかけがえのないほど重要であるといえる。言葉の発達が遅いことをその子どもの問題としてのみとらえるのではなく，環境を改善することで，子どもが本来持ち備えている能力を開花させ，支援していくことも大切である。

　また昨今，保育園・幼稚園で以下のような「気になる子ども」が増えてきているということをよく聞く。ビデオの内容を延々と話しているが簡単な会話ができない，その子どもの年齢に比べ難しいことや友達に対しても敬語を使って話す，一本調子で抑揚のない話し方をする，文字を読むことはできるが書かれている内容や意味を理解できていないなど，いずれも発達障害をうかがわせる行動である。しかし，保育者の仕事は障害の診断をすることではなく，目の前にいる子どもが何に困っているのかを理解し，分かりやすい保育を提供することである。保育者から見ると，「困った子ども」として映ることが多くても，本当に困っているのは子ども自身である。「気になる子ども」に対しては，言語獲得の土台を築き，1対1のやり取りから友達とのやり取りへ広げ，保護者と園，そして外部の専門機関との連携を図って，皆で子どもの発達を支援して

いくことが望ましい。

8　保育者の役割

　これまで見てきたように，大人は，子どもが言葉を身に付けるずっと以前から，子どものサインに的確に応答し，言葉でも語りかけている。子どもが言葉を話し始めた後も，大人は子どもが聞き取りやすいように，ゆっくりと話したり，子どもの話したことを確かめたり，質問したり，励ましたりもする。子どもが言葉を話そうとしていることに，敏感に応え，援助しているのである。

　また，子どもは幼児期の半ばには会話のルール——会話・対話には，話し手・聞き手の役割を交互にとりながら話す，目を合わせ，他者の言ったことに反応し，同じ話題を継続して話すなど——に従った話し方を身に付け，会話の仕方がうまくなるが，会話ルールの習得においてもまわりの大人や保育者の助けが大きな役割を果たしている。言葉がまず大人との情緒的な絆の中で育まれ，大人とのやり取り，集団での友達との関わりの中で発達していくことを考えると，言葉の発達における保育者の役割が大きいことがうなずけよう。

　しかし，まわりの大人や保育者は言葉の発達や育ちを考える時，往々にして言葉の発達のみに目を向けがちであるが，言葉の発達を「言葉の発達」として抜き出して考えるのではなく，心や身体の発達が豊かな言葉を生み出す土壌であることを再確認し，常に発達全体の中でとらえるという基本的態度が必要である。したがって言葉自体の指導のみに止まるのではなく，その基礎となる自己の育ち，他者の理解の育ちを体験できる場を作っていくことが保育者の大切な課題になってくる。そのためには，幼稚園教育要領第1章「総則」で「幼児の主体的な活動を促すためには，教師が多様な関わりを持つことが重要であることを踏まえ，教師は，理解者，共同作業者など様々な役割を果たし，幼児の発達に必要な豊かな体験が得られるよう，活動の場面に応じて，適切な指導を行うようにすること」と謳われていることを，今一度吟味したいものである。

演習課題

1. 言葉はどのようなプロセスを経て獲得されるのであろうか。また言葉の獲得に
　とってまわりの大人にはどのような役割があるのか，まとめてみよう。
2. 身近に観察できる子どもの言葉を記録して，言葉の発達について考えてみよう。

引用・参考文献

岩田純一　子どもの発達の理解から保育へ―〈個と共同性〉を育てるために―ミネ
　ルヴァ書房　2011
岡本夏木　児童心理　岩波書店　1991
小椋たみ子　乳幼児期の言葉の発達と社会性　成田朋子・大野木裕明・小平英志編
　保育実践を支える　保育の心理学Ⅰ　8章　福村出版　2011
厚生労働省　保育所保育指針　フレーベル館　2008
厚生労働省　保育所保育指針解説書　フレーベル館　2008
厚生労働省　保育所保育指針　フレーベル館　2017
国立国語研究所　幼児の読み書き能力　東京書籍　1972
後藤宗理編著　子どもに学ぶ発達心理学　樹村房　1998
内閣府　文部科学省　厚生労働省　幼保連携型認定こども園教育・保育要領　フレー
　ベル館　2017
中島誠編　［増補］発達臨床心理学　ミネルヴァ書房　1998
名古屋市　1歳6ヶ月児健康診査票（記入票）
文部科学省　幼稚園教育要領　フレーベル館　2008
文部科学省　幼稚園教育要領　フレーベル館　2017

3章　子どもを取り巻く環境と言葉

　本章では，実際に子どもが言葉を獲得する日常の生活環境を手がかりにして，子どもにとっての言葉の意義について考察した上で，現代社会における言葉の問題や就学前教育として身に付けたい言葉の力について考えることとする。

1節　子どもにとっての言葉

　私たちは，誕生の瞬間から自分の世話をしてくれる身近な人たちの声や言葉がけを聞きながら暮らし始める。そして，その声や言葉がけに特定の意味があることを見出し，"言葉"という人間固有の能力を身に付けていく。このように言葉は，日々の暮らしの中で徐々に身に付け，自在に使うことが可能になる能力である。しかしながら，衣服の着脱や排泄の自立のように1人でできるようになれば「身に付いた」と判断できるタイプの能力ではない。むしろ，言葉を使う難しさは，言葉による会話が可能になってから始まるといってもいい。それは，言葉というものが，私たちの生活ばかりでなく〈私〉というアイデンティティーとも深く関わり，言葉遣いや表現の仕方，物事のとらえ方や他者に対する配慮の仕方にまで影響を及ぼしているからである。岡本夏木は，子どもにとっての言葉の役割について次のように述べた。

　　乳幼児期に言葉を使い始めた子どもは，学童期，青年期を通してコミュニケーションや思考の具として，また美的表現の手段としての言葉を完成させてゆく。そのことによって，自分の外なる世界と内なる

世界をつくりあげてゆく。

（岡本夏木　『子どもとことば』　岩波書店　1982）

　岡本が示すように，言葉はゆっくりと時間をかけて自分自身に定着し〈私〉の言葉として完成されていく。そして，言葉の完成によって〈私〉の存在する世界も完成されることとなる。要するに，子どもが言葉を獲得するとは，一人一人が個性的な世界を構築する始まりを迎えたことを意味しているのである。私たちが，〈私〉という独自の世界を作るには，幼い頃から心象に残ったイメージや感覚を言葉で表現しようとする意欲を身に付けるばかりでなく，子どもが全身を使って伝えようとする感情や考えを受け止め，子どもの「内なる世界」と「外なる世界」とを言葉でつなぐ大人の援助が必要になる。ここでは，子どもが言葉によって育む力について，言葉の役割をもとにして考えていこう。

1　言葉の役割

　横山正幸（1994）は，子どもが言葉の獲得によって身に付ける力を4つに分類して説明した。その4つとは，aコミュニケーションの手段，b認知の手段，c行動をコントロールする手段，d自己表現の手段である。これに沿って言葉の担っている役割について確認しよう。

a　コミュニケーションの手段としての言葉

　言葉を獲得することの第一の意義は，コミュニケーション手段の獲得にある。コミュニケーションは，表情や声のトーンなど言葉以外の方法でも可能であるが，言葉によるコミュニケーションは，効率的で非常に正確である。子どもは，言葉を獲得することにより，自分の欲求や要求，感情や考え，経験や知識を相手に伝え，反対に他者の欲求や要求，感情や考え，経験や知識を理解していくようになる。そして，コミュニケーション手段としての言葉を獲得することによって，多くの人と積極的に触れ合い，情報を交換することが可能になり，その結果として，物事についての様々な知識を身に付けることができるようになる。小学校における各教科の知識や社会の慣習などを見ても分かるように，子

どもは言葉によって人として必要な知識や教養を教えられ，身に付けていく。たとえば，「一緒に遊ぼう」「いいよ」というような子ども同士の会話も自然に身に付くものではなく，人と人との交流の中で，言葉を通して社会的な行動規範や方法について学び，自分の言葉として獲得していくのである。

b　認知の手段としての言葉

　言葉の獲得は，子どもが知的に発達するために重要な認知の手段を獲得することでもある。私たちは，様々な感覚器官を使って自分の内外で起きた状況に関する情報を得ている。それらの情報を言葉に置き換えるために，一つ一つの情報に名前をつけて微妙な違いを区別している。たとえば，A4用紙を手にした友人から「そこのカチカチ取って！　ほら，そこのカチカチ！……この書類出さなきゃならないから，早く！」と言われた時，あなたは友人の求めるものを手渡すことができるだろうか。手に紙を持った状態や，「書類」というキーワードをもとにして「おそらく書くものを指しているのだろう」と類推しつつ，「『カチ』ではなく『カチカチ』と言ったからボールペンではなくてシャープペンシルだろうか」と考え，おそるおそるシャープペンシルを手渡すのではないだろうか。この場合，状況や形状，擬音語などを手がかりにして「シャープペンシル」を導き出す必要がある。はじめから「シャープペンシル貸して」と言われていたら迷うことがないだろう。このように，私たちは事物に言葉で名前をつけて「記憶」し，整理している。他にも，「悲しい」や「友情とは」といった抽象的な感情や思考も，すべて言葉を用いて理解し思考している。とりわけ，抽象的な思考は言葉なしに組み立てることは不可能である。

c　行動をコントロールする手段としての言葉

　言葉には，私たちの行動を調節する機能がある。たとえば，予防接種の順番を待っている時，黙っていると不安で心細く逃げ出したくなるが，「だいじょうぶ，だいじょうぶ」と呪文のようにつぶやくと，恐れる気持ちが和らぐことがある。これは，自分自身の言葉で自分の恐怖心をしずめ，自分を勇気づけ，自分の行動を調節しているからである。他にも，幼稚園や保育園では，交差点のたびに必ず立ち止まり，「みぎ・ひだり・みぎ」と声を出して左右を確認す

るという約束事を設けている場合が多い。これは，「飛び出し」という行動に対する抑制と「車の確認」という確認行動とを言葉で支えている一例である。このように，言葉には行動を支え，コントロールする働きがある。

d 自己表現の手段としての言葉

　私たちには，自分の考えや気持ちを誰かに伝えたい，表現したいという「自己表現」の欲求がある。哲学者である野家啓一は，「人間は『物語る動物』である。（略）『物語る欲望』に取憑かれた動物と言った方が正解であろうか」（野家啓一　『物語の哲学』　岩波書店　2005）と述べている。私たちは，生来的におしゃべりであり，話すことでストレスを軽減させていると考えられている。しかしながら，言葉で伝えられない1歳児は，要求をうまく表現することができないため，身体で自分の意思を表現する。その結果，けんかに発展する場合もある。たとえば，友達と遊んでいる時に黙っておもちゃを取り上げ，取られた子どもが取り返しにかかりもみ合いになるなどは，言葉が話せないがゆえに起こることである。したがって，言葉が使えるようになれば，「貸して」や「やめて」と自分の要求を伝えることができるようになるため，周囲の大人は，誰もが理解可能な言葉による自己表現ができるようになるまで，子どもの要求に心を寄せ，子ども同士の橋渡しになるよう努めることが大切である。

2　イメージを共有する

　上記のように言葉の役割について整理すると，言葉のない世界を想像することが不可能なほど，言葉が私たち人間にとって必要不可欠なものであることが明らかになったことであろう。私たちは，「言葉の世界」で生きているといっても過言ではないのである。子どもは，私たちの生きる「言葉の世界」へ生後2年目を迎えた頃から足を踏み入れ，二語発話が出始めた頃から本格的な「言葉の世界」で生活するようになる。なぜならば，自分が表現する言葉で他者とつながり，言葉で表したことがらを他者と共有し，互いの理解を深めるようになるからである。会話を通して，より複雑なことがらについて表現することが可能になるのである。そして，それと同時に子どもの「内なる世界」が飛躍的

［事例1］　カオリ2歳1カ月

カオリ	あの，なんだっけ，くろのジュージューって（といって両手で持ち手を持ち，ゆするふりをする）
母親	えー，分かんないよ
カオリ	（小さな声でつぶやくように）あおいろじゃなくって，あかいろじゃなくって……（大きな声で）あっそうだ，きいろだ
母親	おもちゃのこと？
カオリ	そう，おもちゃ。おままごとの……
母親	もしかしてフライパンのこと？
カオリ	そう，フライパン。かおりちゃんのフライパンどこいった？
母親	さっきテーブルの上で見たよ
カオリ	（テーブルを見て）あった，あった

に成長することとなる。その様子について3つの事例で説明したい。事例1と事例2は，カオリの2歳1カ月から2歳7カ月に見られた母親との会話である。

　事例1は，2歳1カ月のカオリがおままごとの黄色いフライパンを探していた時の会話である。ここで注目したいのは，カオリ自身が母親との会話を通して，言葉で伝えたいことがらを整理していく様子が見られることである。言葉と色との結びつきが弱いカオリにとって「黄色いフライパン」を探していると母親に伝えるには，それらしい色を口にしつつ，手でジェスチャーしなければならなかった。しかしながら，母親は，カオリの発言にある「くろいろ」に注目したため，フライパンを推測することができなかった。すると，カオリは，自分で何かを確かめるように「あおいろじゃなくって，あかいろじゃなくって」と知っている色を口にし，その言葉を手がかりにしてフライパンの色を「きいろ」と呼ぶことを思い出し，「そうだ，きいろだ」と大きな声で告げ

[事例2] カオリ2歳7カ月

カオリ	どうしてお家かえるの？
母親	忘れ物をしたから取りに帰るの
カオリ	どうして忘れちゃったの？
母親	急いで出かけようとしたから忘れちゃったの
カオリ	どうしてお家かえるの？
母親	だから……忘れ物したから取りに帰るのよ！（先より大きな声ではきはきと話す）
カオリ	お母さん，怒ってるの？
母親	怒ってないけど同じ質問ばかりだから
カオリ	怒ってるの？
母親	怒ってないよ
カオリ	ふーん。怒ってないのか

ている。ここに見られるカオリの発話によって，私たちは，人が自分の言葉によって自分の思考を整理していく様子を確認することができる。

　事例2は，カオリが2歳7カ月を迎えた時の母親との会話である。ここで注目したいことは，「忘れ物を取りに行く」ことについてのやり取りで会話が始まっているにもかかわらず，「怒っていない」という気持ちの話で会話を終えている点である。忘れ物を取りに行く理由を繰り返し説明する母親の口調や声のトーンの違いから，カオリの関心が「忘れ物を取りに行く」理由から，母親の今現在の心境へと移っていることに注目したい。この時，カオリは，会話の中に母親の発する言葉の言外にあるもの——言葉で説明しているわけではないが，明らかに言葉に表れている何か，すなわち気持ち——に気づいたのである。カオリは，2歳6カ月後半から眉間にしわを寄せた表情を作り，「カオリちゃん怒ってるの」とたびたび口にしていた。カオリは，少し前から自分で認識す

［事例3］　ともこ3歳3カ月

ともこ	（あきらのところへ行き）一緒にあやまってあげる
あきら	（無言でうつむいている）
ともこ	ともちゃんがごめんないさいっていうから，一緒に先生のところへ行こう

るようになった「怒る」という感情を，他者である母親の中にもあることを見出したのである。そして，自分の感情と母親の感情とを結びつけて推測し，自分の感じたものが正しいか否かを言葉で確認したのである。

　事例3は，3歳3カ月のともこが先生に叱られたあきら（2歳7カ月）に話しかけたものである。ともこは，あきらが先生に叱られてぐずる様子を横で見ており，2人のこう着状態が長引いているためあきらのところへ行き，「ともちゃんがごめんなさいっていうから，一緒に先生のところへ行こう」と告げたのである。この時，ともこは，意固地になってしまったあきらの気持ちと，謝ってほしい先生の気持ちとの両方に共感しており，両者の気持ちを解決するために自分のできることを探して自ら行動に移している。ともこは，言葉でもって他者に寄り添い，言葉でもって他者を励ましたのである。

　3つの事例からも分かるように，子どもは，言葉で自分の思考や心の状態を積極的に語り始めると同時に，他者の語る言葉から他者の思考や心の状態を読み取り，理解しようとし始める。特に，事例2や事例3に見られるような他者の心のありように関心を寄せた会話は，他者の発する言葉の意味を自分に置き換えてイメージし，そのイメージを共有しようと努めなければ発せられることのない会話である。このように，他者の語る言葉が作り上げているイメージを共有しようとすることによって，子どもにとっての言葉の意義が拡大し，他者とコミュニケーションを図ることの喜びや難しさを経験していくのである。

3　かけがえのない〈私〉の発見

　以上のように解説すると，子どもにとっての言葉は，他者とイメージを共有するためにのみ必要なもののように受け止められそうである。しかしながら，子どもにとって言葉が必要不可欠な理由は，他者とイメージを共有するためというよりはむしろ，他者と言葉で関わり，他者を受け入れ，他者に共感することが可能な自分，すなわち〈私〉を構築するために欠かせないものだからである。確かに，事例2や事例3に見られるカオリとともこは，会話を通して他者の心のありようを受け止めていた。しかしながら，2人は他者の心のありようを受け止めた上で，カオリの場合は自分の感じたものが正しいか否かを確認するために，ともこの場合は自分の最良な関わり方について考えた上で，発話している。彼女たちは，自分で考え，判断しながら言葉で他者に働きかけたのである。要するに，発話しているのは，彼女たち自身の意思である。ここには，〈私〉というかけがえのない自我が芽生えているのである。

　子どもにとっての言葉は，他者とは違う〈私〉，いわゆる自我を誕生させるために欠かすことのできないものである。子どもは，言葉以前の自他間の情動一体的な時代を経て，しだいに自他の内的な世界が分かれていき，やがて自我が芽生え始める。子どもの発達を通して芽生える〈私〉という思いは，他者に言葉で〈私〉の思いを語ることで育まれ，強化されていくのである。そこで育まれる〈私〉という「自我」は，これから生きていく世界を自分の知覚や身体で受け止めるための根幹であり，個性を育む土台になるものである。さらにいえば，〈私〉という「自我」があるからこそ，他者の内的世界を受け止め，他者を理解することが可能になるのである。つまり，子どもにとっての言葉は，子ども自身が〈私〉を知るための手がかりであると同時に，言葉によって見出された〈私〉が他者を知る手がかりになるものである。そして，〈私〉と他者との隔たりを埋め，仲間と協調するための欠かせない手段である。

　このように私たちは，言葉でもって自己の確立や〈私〉の生きる世界を構築している。しかしながら，現代の日本においては，言葉の担っている重要な役割について深く考えられていないのが現状である。言葉の発達や育ちを考える

場合，子どもの自己の育ちや他者に対する理解力を育む機会を作ることが，大切な保育の課題であると考えられる。

2節　現代社会と言葉——何が問題か

　子どもの言葉を育む理想的な環境についていうならば，地域社会に溶け込んだ家庭において両親や祖父母とともに生活し，近隣の大人や同世代の子どもたちと触れ合いつつ言葉を吸収する環境であろう。しかしながら，核家族化の進んだ現代の日本においては，両親と子どものみで生活し，父親は労働力として外で働き，母親が1日の大半を1人で子育てしている家庭が多くを占めている。特に，転勤族などその土地にゆかりのない家庭においては，地域との密接な関係性を持ちにくいため，特定の大人とばかり接する子どもが生まれやすい。また，長期的な不景気の影響で，両親ともに長時間労働を余儀なくされ，保育所等で日中のほとんどを過ごす子どもの数も増えている。限られた対人関係の中で行われる子育てや，時間に縛られた子育てが増える中で，子どもの生き生きとした言語感覚や話したいと思う気持ち，言葉を大切にする姿勢を育むには，どのようなことに心を砕く必要があるだろうか。子どもを取り巻く現状やそこから見える言葉の問題について考えることとしよう。

1　効率重視社会と子どもの言葉

　表3−1〈ある親子の会話〉は，心理カウンセラーの裴岩奈々が保育園児である娘との会話を娘の視点でまとめたものである。「ほら急いで」や「さっさと○○して！」「泣かないで」のような会話は，働く父母だけが子どもに発するものではない。横断歩道を渡る場合やスーパーマーケットでの買い物中など，生活のあらゆる場面で子どもに発せられる言葉である。時間を守り，決められたルールの中で生活することは，社会の大原則である。しかしながら，経済効率重視で，成果主義という名のもとで自己責任を問われやすい現代社会におい

ては，必要以上に時間的・精神的拘束を受けて生活している。そのため，幼い子どもの歩く速度やモノを選ぶテンポがゆっくりであることを十分に理解して

表 3 - 1 ある親子の会話

時間	状況	会話の内容
7：30	母親に起こされて，着替えと洗面をせかされる	「○○ちゃん，起きなさい。朝ご飯よ！ ベビールームに遅れちゃうわよ」 「さあ，早く着替えて。ほらほら，おててを通して」
7：50	朝食と歯磨き	「ほらほら，遊んでないで。早く食べちゃいなさい」 「残さないで食べなきゃだめでしょう」 「食べたら歯磨きして。顔を洗って。洋服，濡らさないようにね」
8：20	ベビールームへ行く	「○○ちゃん，ほら急いで」 「さっさとくつ，はいて」 「お母さん，仕事に遅れちゃう。さあ，早く，早く」
17：00	母親がベビールームに迎えにくる	「スーパーでお買い物して帰ろうね」 「そのお菓子は昨日も買ったでしょう。ああ，泣かないで。分かった，分かった，1つだけね」 「道路に飛び出しちゃだめよ」
17：30	帰宅	「すぐにご飯作るから待ってね」 「もうすぐだから，テレビ見てて」
18：30	夕食	「テレビはおしまいよ。ご飯食べなさい」 「ほらほら，好きなものばかりじゃなくて，こっちも食べなきゃ」
20：30	入浴	「お父さんとお風呂に入りなさい」 「呼ばれたら，すぐ行きなさい」 「裸で走らない！」 「早くパジャマ着て。風邪ひいちゃうわよ」
21：30	就寝	「もう，ねんねの時間よ」 「早く寝ないと，明日起きられないわよ」 「おやすみなさい」

裳岩奈々『感じない子ども こころを扱えない大人』（集英社，2011)「第二章ジャマモノ扱いされる感情」より筆者作成

いても，子どものペースや考えに合わせて生活するゆとりが失われがちである。その結果，子どもの逸脱する行動や失敗が「めんどう」なこととして受け止められ，子どもという存在自体が非効率でめんどうな人たちとみなされてしまう危険性がある。

　その一端は，表3－1の会話からもうかがえる。たとえば，「すぐにご飯作るから待っててね」「すぐだから，テレビ見てて」のような会話は，はじめから養育者の段取りから逸脱しないようにするための言葉がけである。養育者の段取りから逸脱しそうな場合は，「洋服，濡らさないようにね」のような強制的な言葉がけで逸脱を阻止され，それでも逸脱する場合は，「ああ，泣かないで。分かった，分かった，1つだけね」のように代替物を与えられ，段取りから逸脱すること自体を遮断される。この会話を通して見えてくるものは，時間に追われ，段取り通りに指示や命令するので精いっぱいの親と，親の段取りを強いられ，気持ちや考えを黙殺される子ども，という現代の親子像である。

　子どもは，「かけがえのない自分」を意識し始めた時から，誰かに受け止められているという安心感を強く求めるようになる。なぜかといえば，身近な養育者に自分の「かけがえのなさ」を受け止められなければ，自己を育てることができないからである。そのため，2歳の子どもであっても幼い心で養育者の生活を受け止め，養育者の意図や要求に従おうとする。このように，養育者に対して従順で非力であるのが子どもであるが，現代の親子間では，従順で非力な子どもの意思や感情を「ないもの」として扱いやすい傾向がある。とめどなく続く忙しい日々をこなし続けるには，養育者の段取りを狂わせるもとになるような子どものかんしゃくや感情的な言葉を最小限にとどめる必要があり，そうしなければ養育者自身も精神的余裕を失い，ひどい場合は虐待などにかたちを変えて子どもにしわ寄せがいく可能性があるからである。現代社会においては，親子の間であっても人間の根源であるはずの「気持ち」，いわゆる「喜怒哀楽」を中心にした会話が遠ざけられ，感情があふれ出ることのない当たり障りのない会話で日常を切り抜けることが多い。

　しかしながら，感情は言葉と結びついており，日頃から感情と結びついた言

葉で会話をしない限り，「気持ち」を上手に伝えることはおろか，感情をコントロールすることも不可能になる。怒りや悲しみ，妬みや落胆，寂しさや恨みなどの「不快感情」は，経験の浅い子どもにとってどのように付き合えばいいか分からない感情である。自分でも持て余している嫌な感情を養育者にさえ「ないもの」として扱われたとしたら，「不快感情」を無理やり抑え込むように，なるべく感じないようにする以外，対処の仕方が分からなくなってしまうだろう。しかし，「不快感情」は，無理やり抑え込むことのできない感情であり，状況に応じて表出の度合いを抑えられるようにしなければならない感情である。

「不快感情」と上手に付き合うには，幼いうちから養育者に体験した感情を受け止めてもらい，自分の「感じていることを言葉でとらえる」経験を積み重ねなければならない。ここで重要なことは，"養育者と一緒になって自分の体験に言葉を与えて"いくことである。なぜならば，自分を受け止めてくれる養育者を信頼し，安心して感情を表すことができる場所を持つことが，子どもの言葉遣いや言葉の選び方，表現の仕方に影響を及ぼすからである。したがって，養育者との信頼関係が不十分だと，子どもとしては不自然なまでに自分の要求や感情を抑え込む，という表現で感情を表す場合もあるし，荒れた言葉遣いで相手を威圧する，という表現で表す場合もある。たとえば，2～3歳の幼児が自分よりも年下の子どもにおもちゃを取られ，泣きながら「お兄ちゃんだから」と自分の思いを表せない場合や，クラスの友達とのおもちゃの取り合いを巡って「おめえが悪いんだよ」と威圧的な態度で奪い取ろうとするなどがその例である。

　幼いうちから自分の要求や感情を抑え込むようなコミュニケーションを図っていたならば，自分自身の「不快感情」，ひいては他者の「不快感情」に対しても無関心を貫く以外に対処の仕方が分からなくなるだろう。逆に，幼いうちから他者に対して威圧的なコミュニケーションを図ってばかりいたならば，自分の「不快感情」を辺りかまわずまき散らすことに平気な人物に成長するだろう。子どもが自分で社会を切り開く時，どのような言葉遣いや表現の仕方を身

に付けていれば健全で快活な社会生活を送ることが可能になるか。言葉は，人となりを如実に表すものである。子どもの話したい欲望を十分に受け止め，言葉の育成を通して，肯定的に社会を受け入れることが可能な土台を作ることが保育の課題である。

2　情報過多社会の子どもと言葉

　ここ数年で急速に科学技術が進歩した結果，テレビのように一方的に情報を提供する媒体や，インターネットのように知りたい情報を自ら取捨可能な媒体，さらには，ブログやインスタグラムなどのSNS，他にもYouTubeのように自ら情報を発信可能な媒体などが登場し，現代社会は，様々な情報が瞬時に取得可能な情報化社会ならぬ情報過多社会である。

　情報化社会の問題点は，情報の発信源がテレビであった時代から指摘されている。それは，情報過多社会を支えるメディアの情報提供の仕方が，不特定多数の人々に対して“相互的な確認プロセスのないまま”一方的に情報が提供される構図を形成していることである。情報化社会においては，私たちは常に情報の受け手であり，情報に対して受動的な立場に置かれている。インターネットの登場により，情報を能動的に取得しているような錯覚に陥るかもしれないが，明確な根拠を示さない曖昧な情報を“相互的な確認プロセスのないまま”提供されている，という構図はテレビ主流時代と変わっていない。むしろ，テレビ以外に選択肢が増えてしまったことは，かえって問題を複雑化している。

　問題の1つ目は，ブログやツイッター，インスタグラムの情報が個人的意見でしかないことである。少なくとも書籍やテレビの情報は，集めた情報を精査した上で作成されている。なぜならば，出版社やテレビ局は，自分たちの発信する情報が公共のものであることを認識しているからである。公共性を保つには，発信する情報を多角的な尺度で検討する必要があり，発信された情報は誰に対しても対等でなければならない。しかしながら，ブログをはじめとするSNSの情報は，必ずしも読者が発信された情報をどう受け取るかまで配慮しているとはいえない。そのため，非常に不安定であやふやな情報であるにもか

かわらず，受け手である読者は「本当のこと」として受け取ってしまう場合がある。まさに，「言葉が独り歩き」してしまうのである。

　また，ブログやツイッターは，読者が発信者の掲載した情報に対して意見や感想を寄せることが可能な媒体であるが，その返答の仕方に２つ目の問題がある。その問題とは，掲載記事に対する読者の返答方法が「イイネ」のボタンをクリックすることで完了してしまうことである。もちろんコメントを寄せることも可能であるが，コメントを寄せることが「イイネ」のボタンをクリックすることと同等の価値とみなされているため，フェイクニュースと呼ばれる真偽の分からない情報や，過激で刺激的な言動で注目を集め，アクセス数のみを稼ぐ情報が発信されるケースが多発している。本来，コメントとは，受け手が感想や意見を発信者に対して責任をもって発言することであるが，様々なサイトから自動的に情報を集める AI により，アクセスカウントが重視される現状においては，コメントに込める個人の感想や意見が表面化しづらい。したがって，言葉を軽視する風潮が加速度的に進んでいる。

　さらにいえば，SNS や YouTube で情報を発信する行為自体が，姿かたちの見えない相手と発信した情報を共有したいという意思表示の表れであるところに第３の問題がある。要するに，姿かたちの見えない人々とコミュニケーションらしきものを図りたいと望んでいるのである。直接的なコミュニケーションであれば，表情やしぐさ，間合いや声のトーンから相手の心情を読み取ることが可能なため，言葉を選び，相手を傷つけないような言い回しを工夫することが可能である。お互いにとって相手の表情や声が，行き過ぎた発言をしないためのストッパーの働きをするのである。しかしながら，顔の見えない人々とのコミュニケーションは，文字通り相手の顔が見えないため，見ず知らずの他者に向かって悪質な意見や冷淡な意見を投げつけることが容易になる。その上，再びそのサイトをのぞかなければ，自分が言葉で他者を傷つけた可能性を「ないもの」にすることができる。しかしながら，繰り返し読むことが可能な文字で書かれた意見や動画は，言葉を投げつけられた側からすれば見るたびに刃のように胸に突き刺さり，読み返すごとに不快感が増幅しやすい。つまり，表情

や声のトーンの分からない相手とのコミュニケーションらしきものは，非常に身勝手で，一方的なコミュニケーションとして成立しやすいのである。

　このように情報過多社会は，言葉からそれを発する人の感情や身体の状態が切り捨てられ，人と人とが気持ちを通い合わせるというコミュニケーションの重要な部分がすっぽりと抜け落ちてしまいがちである。また，一方的な情報の伝達にさらされ，無数の情報に浸りやすいため，その中から根拠に基づいた正確な情報を選別する能力が必要となる。そして，自ら選別した情報と向き合い，その情報に対する自分なりの解釈や意見を持つようにしなければ，無数の情報に足をすくわれてしまうこととなる。

　上記に示した情報過多社会の弊害は，確実に私たちの言語環境を変質させている。その最たる原因として挙げられるものは，スマートフォンをはじめとする携帯端末の急速な進歩である。私たちは，いまだかつて経験したことのない"瞬時に大量の情報を取得可能な，便利で個人的な生活環境"へと歩を進めている。スマートフォンをはじめとする携帯端末の普及により，様々なアプリケーションソフトウェアによるニュースや生活を向上させる情報の配信，ゲームをはじめとする娯楽にいたるまで，現代社会における日常生活の大半を携帯端末に依存し始めている。〈スマホ〉は，子育て世代にとってもはや生活必需品であり，ここ数年，子育て世代をターゲットとした〈子育てアプリ〉の開発が進んでいる。これからの社会生活は，〈スマホ〉による子育てが主流となるばかりでなく，〈子育てアプリ〉の充実に伴い，生まれたばかりの子どもが乳幼児期から〈スマホ〉に身をゆだねる確率が拡大するだろう。日本小児科医会が2013年に作成したリーフレット「スマホに子守りをさせないで」は，スマートフォンという新たな文明の利器との適度な付き合い方を模索する子育て世代にとってセンセーショナルな警告を発信した。日本小児科医会は，乳幼児の「泣き」や「ぐずり」の持つ意味や，乳幼児期からメディア漬けで成長することによる弊害など，子どもの発達や育ちを医療の視点から指摘した。同様の問題点は保育の現場においても不安視されていた。しかしながら，〈スマホ〉による子育てを実施する養育者は増え続けており，養育者に意思表示をしない

サイレント・ベビーや養育者との直接的であたたかみのある生の"声"による会話に浸る時間の短い乳幼児が着実に増えている。養育者にとって便利で快適な〈スマホ〉による子育ては，乳幼児の発話や会話しようとする意欲の育ちを妨げる可能性が極めて高い。家庭生活において，生の"声"による会話や直接的な生活体験が不足する可能性が生じ始めた現代社会であるからこそ，直接的な体験や経験によって子どもに生じる喜びや怒り，悲しみや充実感に寄り添い，その経験を言葉に置き換え，子どもの感情を的確に汲み取る保育の専門性が求められている。

3　希薄化する地域社会とのつながり

　現在，私たちは，都市化された環境で，便利で快適な生活を送っている。道路はアスファルトで舗装されており，電気・ガス・上下水道といったライフラインが網羅されるなど，大都市圏から農山村部にいたるまで同質の生活を維持している。また，地方都市の農山村部においても複数の工場やビルが建設されており，生活環境ばかりでなく景観においても都市部との開きが見られなくなってきている。このように現代社会は，都市化によりどこでも均質な生活を送ることが可能になったと同時に，都市化することで新たな産業を作り出し，そこに暮らす人々の雇用や生活を維持している。

　しかしながら，都市化によって新たな問題も発生した。それは，都市化の進行により住民の移動が活発になり，地域の共同体を脆弱にしたことである。例として高層マンションで考えてみよう。マンションが建設されると一度に多くの新しい住民が移り住むこととなる。ここに集まる人々は，その土地にゆかりのある人からまったくゆかりのない人まで幅広い人々が定住するため，互いの生活に介入しないように配慮することが暗黙のルールとなりやすい。そのため，昔ながらの隣近所との密接な人間関係は築かれない。ところが，マンションは，人口の多さから，1つの共同体としての要素を持ち合わせている。しかしながら，頻繁に転居することを前提にマンションでの生活を選択する人も多いため，住民の共同体意識は希薄になりやすい。その結果，地域の共同作業に参加しな

い人や，指定の曜日や時間を無視してごみを収集場所に出す人など，地域の生活ルールやマナーを守らず，自分勝手な行動をする住民が生まれやすい。

　地域社会の希薄化，あるいは共同体意識の希薄化は，互いに助け合うような深い人間関係を喪失させる。人と人との関わり合いを脆弱にする状況は，あいさつのような人と人とをつなぐ行為の意味や必然性を見えにくくし，社会性を身に付けないまま成人することを容易にしてしまう。現実に，場面や状況に応じて言葉の使い分けのできない大人が加速度的に増えている。言葉は，人間関係を深め，人と人とをつないでいくものである。人間関係を形成し，深めていくために必要な言葉は，幼い頃から両親をはじめとする身近な大人を手本として学びとっていくため，周囲の人々との濃密な関わり合いのある日常生活の中で丁寧な話し方や他者を敬う話し方に浸ることによって十分に育まれることが望ましい。

　また，地域の人間関係が希薄になることは，その地域に根差した文化の維持や継承を阻むきっかけとなりやすい。なぜならば，地域文化は地域の住人によって支えられ，育まれているからである。地域社会には，必ずその土地に古くから伝わる伝統的な祭りや行事がある。その土地に生まれ育った人たちは，子どもの時から恒例行事としてそれらに参加し，親しむことを通して，その土地のしきたりや価値観，社会的な行動の仕方を身に付けていく。地域性が色濃く表れた方言を使うことも，その土地の文化を継承し，地域社会に根づいている証の1つである。

　地域文化や方言などの継承方法からも分かるように，子どもは，その土地の大人たちを生きた教科書としながら地域文化を受容していく。言葉を学び身に付けることは，その土地の文化を身に付けることと同じであり，言葉と文化との関係性は切り離すことはできない。なぜならば，言葉は，そこで暮らす人々に使用されることで存在することが可能となり，人間が文化を伝え共有するには，何らかのかたちで言葉を媒介にしなければならないからである。したがって，地域文化に親しむことは，言葉の感覚や言い回し，微妙な言葉のニュアンスや言い方の違いを通して，その土地におけるものの見方や考え方，価値観を

含む文化を身に付けることであり，その文化を守ってきた人々の精神を丸ごと受け継ぐことを意味しているのである。

　近年，地域社会の崩壊に伴い，地域の伝統文化を守ることが難しくなってきた。地域の祭りに参加する子どもの数も減り，あまり盛り上がらない地域も多い。生活の中で地域固有の文化がうすれていくことは，やがてそこに暮らす人々の価値観や感覚にも変化をもたらす。その影響は，子どもたちの価値観や言葉の感覚へも及ぶであろう。グローバル化に伴い，世界的にも均質な生活環境を求める時代を迎えている。世界が均質化されようとしている現代だからこそ，改めて自国についてよく学び，深く考える必要性が生じている。自国について考える第一歩は，自らの足元にある文化やその文化の継承を支える母語や，自分の所属する国の言語である母国語について知ることから始まる。今まで当然のこととして受容してきた言葉や文化，社会についてもう一度見直し，地域に根ざすことの必要性と価値について考えることが求められている。生活に密着した子どもの言葉の育成を通して，子どもが地域社会の一員としての誇りを持ち，成人することの意義について考える必要がある。

3節　話し言葉から書き言葉へ──絵本の読み聞かせと就学前教育

　子どもは，生後1，2カ月から始まるクーイング，喃語を通して音の発生に必要な調音機能を刺激し，言葉を発音するための構音器官の準備運動を行い，生後9カ月頃からコミュニケーション機能を有した喃語，反復喃語へと質的変化の時期を迎える。その後，生後1年目の誕生日を迎える前後に「マンマ」などの初語を獲得し，生後1年半を過ぎたあたりから急速に獲得語数が増え，5歳から6歳で日常生活に困らない程度の語を獲得する。また，1歳前後から始まる一語発話期や1歳半頃の二語発話期，その後の質問期を経ながら母国語の基本的な文法を身に付け，3歳から4歳で大人と簡単な会話が可能な構文能力

を身に付ける。音韻や語彙，文法といった言葉を構成するシステムは，実際に言葉を使った他者とのコミュニケーションを通して習得され，特に，「青いの本」のような文法の誤用は，実際に発話する中で使用方法を訂正し，適切な文法を獲得していく。

　このように子どもは，はじめに話し言葉を獲得する。そして，話し言葉の発達を基盤として文字をはじめとする書き言葉の習得が始まるのである。話し言葉から書き言葉へと興味を拡大させるには，日常生活の中で言葉そのものや文字に対する関心を抱くような環境が必要である。ここでは，就学前教育として必要な言葉の力について考えるために紙芝居や絵本の読み聞かせに注目し，話し言葉の中でも「聞くこと」の重要性について確認した上で，「聞くこと」「話すこと」から書き言葉へのつながりについて考えることとする。

1　一斉に聞くことの意味

　子どもがはじめに獲得する言葉は，音声としての言葉，すなわち話し言葉である。しかしながら，〈就学前教育〉というような表現で言葉の習得について考えようとすると，急に"言葉の習得"="書き言葉の習得"のような錯覚に陥り，"言葉の習得"の意味が"文字の習得"に偏りやすくなるのではなかろうか。そして，"教育"や"絵本"という言葉から，描かれたモノの名前を答え，かな文字で書きとるような学習を想像し，〈就学前教育〉としての"言葉の習得"とは"文字の習得"のことである，と確信を強くするのではなかろうか。残念なことであるが，その確信は誤りである。

　もちろん，〈就学前教育〉の一環として，文字への興味や関心を促すことは大切であり，必要なことである。ただし，文字を読み書きする力は，未就学児の言葉の力として必ず身に付けなければならない能力ではない。育成するべき未就学児の言葉の力とは，〈聞く力〉である。なぜならば，声に乗せられた言葉は，音声であるがゆえに消えてなくなるからである。音声として語られた言葉は消えてなくなるが，その言葉には他者の意思や考えが凝縮されている。他者の考えの表れであるからこそ，消えてなくなる言葉を適切に聞き取り，理解

しようと努めなければならないのである。聞くということは，話の内容を正しく理解し，場合によってはそれを適切に行動に移すことができるようになる，ということまでを含めた態度を意味している。そして，その態度は，人と人とのコミュニケーションにおける礼儀作法でもある。

　また，文字学習以外で言葉の指導というと，話すことを中心にした指導が行われるため，聞くことの大切さが軽視されやすい。しかしながら，聞くことを抜きにして話す力は育成されない。なぜならば，子どもは，養育者をはじめとする周囲の人々の言葉を聞くことによって様々な情報を得ており，その情報をもとにして自ら話す内容を構成しているからである。要するに，話を聞くということは，知識を得ることと結びついた行為であり，話を聞かなければ知的な刺激を得られないばかりか，知的発達に影響を及ぼす可能性もあるのである。したがって，人の話を聞かなければ，軽いおしゃべりはできても，中身のある対話をすることはできないであろう。さらに言えば，人の話を聞くべき場所で正確に聞くことができなければ，適切な時期に必要な基礎学力を身に付けることができなくなり，その結果，就学後の一斉授業についていくことのできない子どもが増加することとなる。現在，知的研究機関であるはずの大学教育においても，基礎学力の定着を図る必要が生じている。このような状況が長く続けば，豊かな言語生活や知的な発達を望むことができないばかりか，社会を支える基本的な規則や規範を正しく理解する力が弱まり，社会生活そのものに支障をきたすこととなる。このような現状を考えると，幼児期に〈聞く力〉すなわち正確に聞きとり，理解し，適切な行動へと移すことが可能な聞く態度と意欲とを十分に身に付けるように配慮することは，現在の保育現場に求められた重要な課題であるといえよう。

　上記のような現状を踏まえた上で，幼稚園や保育園において〈聞く力〉を育てる環境について考えると，皆で一緒に物語を聞くことが可能な紙芝居や絵本の読み聞かせは，子どもの〈聞く力〉を育むのに適した活動であるといえる。特に，子どもが信頼する保育者の声で語られる読み聞かせは，皆で一斉に聞くという連帯感や仲間意識を深めるばかりでなく，互いをよく知る仲間同士で

あるからこそ友達に迷惑をかけないように配慮する態度が要求され，聞くための忍耐力を育むことが可能になる。「あれが欲しい」「それはしたくない」など，一人一人がいろいろな要求を抱くことは，ごく自然なことである。その一方で，私たち人間は，一定のルールを持った社会の中で生きている。したがって，自分の欲求や要求が常に満たされるとは限らないが，自分の思いが通らない時であっても，無謀な行動に出ることなくその状況に耐えて適応する力が必要である。自分の思いを抑えるという心のコントロールは，がまんすべき時にがまんするという〈トレーニング〉によって身に付くものである。

　紙芝居や絵本の読み聞かせは，子どもにとって楽しい活動の1つであるが，眠たい時や興味のないお話の時などは，聞きたくないという気持ちになる場合もある。そのような場合であっても，皆で物語を聞くということは，皆が気持ちよくお話を聞くことができるように個人的な思いを抑え，自分自身もお話に心を集中させるようにする必要が生じるのである。友達という気心の知れた，それでいて格好悪いところを見せるには遠慮のある仲間と一緒に物語を聞くということは，自発的に自分の甘えを抑えようとすることが可能な格好の状況であり，仲間と一斉に聞くという就学後の環境に適応するための準備にもなる。紙芝居や絵本の読み聞かせを通して，空想する喜びや楽しみを味わうばかりでなく，〈就学前教育〉として自己を抑制する態度と意欲とを身に付けるためにも，仲間と一緒に物語を楽しむ機会を持つことは大切である。

2　物語を聞いたあとで――友達と語り合うこと

　紙芝居は，絵と言葉とが明確に区別されているため，演じ手が存在して初めて成立する視覚メディアである。紙芝居を専門的な視点で見ると，物語に沿って描かれた何枚かの画面を一枚ずつ引き抜きながら物語を効果的に語るメディアであり，演じ手の声で語られる言葉を聞きながら画面の絵を見つめ，混然一体となって作り出される架空の世界を，皆で一緒に体験することが可能である。したがって，紙芝居は，〈集団の感性〉を育むと言われている。一方，絵本は，絵と言葉との相互作用によって作られた美しいイメージの世界を1ページに凝

縮し，物語世界を視覚でとらえられるようにできた印刷メディアである。何ページにも及ぶ物語世界を1つに綴じた絵本は，一冊の書物として物語が完成されているため，子どもは自分で次々とページをめくり眺めるだけで，心ゆくまでじっくりと物語世界に浸ることができる。もう一度見たいと思えば，何度でも繰り返し眺めることが可能なため，絵本は，〈個人の感性〉を育むと言われている。

　実際に，生活の場で子どもの視野に入ってくるものは，自分の身の回りを囲む世界全体の一部分でしかないため，自分のいる世界を俯瞰的に眺めることは非常に難しい。しかし，紙芝居や絵本であれば，物語世界全体を見渡すことが可能となる。間接体験という機能を持った紙芝居や絵本は，子どもが直接体験として体全体で受け止めた具体的な人や事物を抽象化するのに適している。また，どちらの媒体も絵と言葉とが1つになって表現されているため，まだ文字の読めない乳幼児たちに物語世界を丸ごと届けるために読み聞かせという方法が用いられることとなった。したがって，目で事物をとらえ，耳で言葉を聞き，絵をヒントにして頭の中にイメージを描きやすい紙芝居や絵本の読み聞かせは，子どもが言葉で組み立てられたイメージの世界をつかむ入口として非常に優れたものであるといえる。

　幼稚園や保育園で行われる紙芝居や絵本の読み聞かせは，図書館や子育て支援センターで催されるおはなし会のように個人的に参加するものとは違い，仲間と一緒に物語を聞き味わうことができるため，友達と同一のストーリーを共有することが可能である。この"友達と同一のストーリーを共有する"ということが，図書館や子育て支援センターで開催されるおはなし会では得られない醍醐味であるといえる。なぜならば，物語を聞き終えた後で，その物語に由来した遊びをしたい，あるいは，その物語について自分が気に入った場面についてもう少し話をしたいと思った時に，大好きな先生やいつも一緒に遊んでいる仲間が同じストーリーを知っていれば，友達と一緒になって遊びを展開できるし，気に入った場面について先生や友達に話をすることができるからである。自分の感動や興奮を仲間と共有することができる環境は，子ども同士の一体感

を生むばかりでなく，そこにいることに対する安心感や安らぎを得ることにつながる。その感覚は，自分自身を肯定的に受け入れるきっかけとなるばかりでなく，自分の考えたことや感じたことを話したいという意欲へとつながり，話す力や態度を育むこととなる。

　また，自分の提案した遊びに友達の提案が加わり，大きな遊びへと展開されていくと，その物語についてのイメージがますます膨らみ，言葉で組み立てられたイメージの世界をいつくしむ態度を育むきっかけになる。他にも，自分の気に入った場面やストーリーについて友達と話し合うことにより，自分では気づかなかった物語の世界が手に取るようにイメージできるようになると，架空の世界であるはずの物語の世界が居心地のいいものとなり，子どもにとって物語が1つのよりどころとなる。

　架空の世界に愛着を持つことは，「今，ここ」にある自分の世界を打ちやぶり，未知なる体験や世界に対する好奇心を抱かせるばかりでなく，好奇心や探究心と背中合わせの“一歩踏み出す恐怖感”を勇気へと変える原動力になる。その力を仲間と一緒に共有するためにも，紙芝居や絵本の読み聞かせという活動が物語を聞くことで完結するのではなく，子どもたちが実際の生活で物語を追体験できるように配慮し，物語への親しみを深くすることができる活動になるよう工夫する必要がある。紙芝居や絵本の読み聞かせを終えた後で，子どもたちが静かに物語を受け止めることも大切なことであるが，仲間と一緒に聞いたからこそ楽しむことが可能な読後感を味わうことも，実際の保育の現場では必要である。また，子どもが物語の感想や興奮を言葉で上手に伝えられなかった時に，先生は自分の感動を受け止めてくれる，という安心感があることも重要である。保育者は，子どもたちの提案や意見を受け入れ，必要な場合には子ども同士の意見の橋渡し役として言葉を添え，話したい気持ちを十分に満足させられるように配慮する必要がある。

3　文字に対する興味をひらく

　実際に，紙芝居や絵本の読み聞かせを続けていると，子どもにとって特別で，

繰り返し聞きたいお気に入りの物語というものが見つかる場合が多い。特に，好きな絵本が見つかるということが，文字に対する興味や関心を持つきっかけになりやすい。もちろん，幼稚園や保育園では，誕生日カレンダーや壁面構成などで保育室に文字のある環境を作り，日頃から文字に対する興味や関心を持つことができるように配慮することも大切である。なぜならば，“普段から目にしている文字が大好きな絵本の中にもある”という感動によって，さらなる文字への興味や関心が生まれるからである。

　絵本に対する関心の示し方は個々の子どもで違うが，多くの場合は，絵本に描かれている絵を指さして，そこに描かれているモノの名前を口にしたり，絵を手がかりにして場面について説明したりするなど，気に入った部分に没頭するようになることから始まる。そして，保育者に何度も繰り返し読んでもらううちに，話の内容を記憶し，自分で読む真似をし始めるようになる。この時期は絵を手がかりにして記憶しているストーリーを話しているにすぎないが，子どもは，保育者から大好きな絵本を繰り返し読んでもらうことによって，ストーリーを書き表している文字があることに気づき，関心を示すようになる。そして，記憶をもとにして語っている言葉の1音1音が，絵本に書かれた1字1字に対応していることに気づくようになる。この時期は，まだ文字相互の形の違いなどを区別して読んでいるのではなく，文字の数に合わせて発音しているため，字数が余ると自分で適当に読みを追加して字数をそろえるなど，子どもらしい整合性のつけ方を見せる場合がある。この時期まで来ると，徐々に読み分けられる文字がいくつか現れるようになり，知っている文字を絵本から拾って読むようになる。そして，読むことのできる文字が増えると，音声と文字とを対応させながら読む逐字読みが見られるようになる。逐字読みは，1音と1字とを対応させているにすぎないため，言葉を意味のある単語や文節単位でとらえてはいないが，逐字読みが進むと，しだいに単語を1つのまとまりとして音声パターンと対応させるようになり，単語を意味のあるまとまりとして読むことが可能になる。さらに進むと単語ではなくセンテンスとして文章をとらえることができるようになる。

　このように子どもは，絵本の読み聞かせを通して文字に対する関心の表れを段階的に示すようになる。特に，子どもが逐字読みを始めると，大人は絵本の読み聞かせをせがまれても自分で読むようにうながしてしまい，読み聞かせそのものをやめてしまう場合がある。しかしながら，子どもが1字1字を読むことができたとしても，それは1字に1音を対応させて発音しているだけであり，まとまりのある意味として言葉を認識しているわけではない。要するに，文字を読んでいるにすぎないのである。したがって，逐字読みができるようになった後も読み聞かせを続け，子どもが文字で書かれた言葉の意味をつかみ取る手助けをする必要がある。

　また，文字に興味を持つようになると，文字を書くことにも関心が高まる。特に，大好きな絵本の中に頻繁に出てくる文字があると，その文字を書いてみたいという欲求が高まる。はじめは，文字が絵や図形と違うことは理解しているものの正確に書くことはできないため，記号的なものを書きつけるようになる。そして，徐々に明らかな文字や鏡映文字（鏡文字）を書きつけるようになる。しだいに書ける文字の数が増えていき，鏡映文字のいくつかが正しい方向の文字に修正されるようになる。さらに進むと，かなりの数の文字が正しい向きで書けるようになり，簡単な文章を書くことが可能になる。子どもが文字を書くことに興味を持ち，実際に文字を書くことができるようになってきたら，周囲の大人は文字の形や筆順にも気を配り，子どもに文字を書く時の約束事があることを知らせていくとよい。そして，絵本を通して自分の味わった感動や思いを文字に書き記し，自分の気持ちを目でとらえることができるような環境を用意すると，さらに文字への興味や関心を高め，文字を使って誰かに感動を伝えることの楽しさを知るきっかけとなる。

　紙芝居や絵本を楽しむためには，言葉で組み立てられたイメージの世界を理解する必要がある。文字を読むことは，本を読む手段であり，必要条件であるが，本を読む最終的な目標ではない。本を読むことの最終的な目標は，本の内容を理解することである。しかしながら，文字を読むことばかりに執着してしまうと，本来の目的であるはずの内容の理解が図られなくなってしまう。〈就

学前教育〉として大切なことは，文字を読む，あるいは文字を書くという子どもの意欲や態度をやさしく受け止めつつも，読むこと，あるいは書くことにばかり執着しないような環境を作ることである。就学後に必要な言葉の力は，話者の話や本の内容についてじっくりと耳を傾け，内容を正確に理解する力である。そして，大切な内容を耳で聞き取り，文字で書き残すようにする態度を養うことである。大学教育においても，板書された内容をノートに写すことが学習であると錯覚している学生は多い。重要な内容は，案外，声色を使って強調された部分に含まれているかもしれない。学びというものの奥深さに気づくだけの度量を育てるためにも，幼い頃から話の内容に関心を示し，その内容を理解しようとする態度を育てることが，〈就学前教育〉としての言葉に求められた保育の課題であると強調しておきたい。

演習課題

1. 子どもにとっての言葉とは何か。言葉の役割を手がかりにして，子どもの内側に構築される言葉の世界について考えよう。
2. 情報過多社会において就学前教育としての言葉の力の育成をするには，物語の読み聞かせ以外にどんな取り組みが必要であろうか。子どもに関わる学会や研究会の提言，新聞記事から情報を収集し，多角的な視点で言葉の力の育成について考察しよう。

引用・参考文献

岩田純一　子どもの発達の理解から保育へ―〈個と共同性〉を育てるために―　ミネルヴァ書房　2011
榎沢良彦・入江礼子編著　保育内容　言葉〔第2版〕　建帛社　2008
岡本夏木　子どもとことば　岩波書店　1982
木下孝司・加用文男・加藤義信編著　子どもの心的世界のゆらぎと発達―表象発達

　　　をめぐる不思議—　ミネルヴァ書房　2011

小泉和美　つぶやきに心寄せて　現代と保育57　2003

厚生労働省　保育所保育指針　フレーベル館　2017

小山正編　言葉が育つ条件—言語獲得期にある子どもの発達—　培風館　2000

全国保育団体連合会　保育白書2011年版　ひとなる書房　2011

外山滋比古　わが子に伝える絶対語感　飛鳥新社　2003

日本小児科医会　リーフレット「スマホに子守りをさせないで」　2013

野家啓一　物語の哲学　岩波書店　2005

袰岩奈々　感じない子どもこころを扱えない大人　集英社　2001

横山正幸編著　内容研究　領域　言葉　北大路書房　1994

脇明子　読む力は生きる力　岩波書店　2005

脇明子　物語が生きる力を育てる　岩波書店　2008

4章　文化財と言葉

　保育現場では，様々な言語文化財を活用している。昔話や創作物語などの言語文化財をベースに作られた絵本や紙芝居，ペープサートやエプロンシアターなど，保育者が演じ，子どもたちが楽しむという形で活用されているものについては，「児童文化財」と総括して呼ばれる場合も多い。

　そのような「児童文化財」は，保育現場で活用する際，ただ単に「子どもが喜ぶから」，また「時間が余ってしまったので」という理由で，その意義について深く理解して実践されているとは言いがたい場合が多い。しかし，「児童文化財」の元となる言語文化財には，人間が長い時間をかけて伝え続けてきた"大切なもの"が含まれているのであり，その"本質"に子どもが触れるからこそ，子どもたちはその「児童文化財」に対して，大きな喜びを得るのである。

　この章では，その"本質"について踏まえた上で，言語文化財の持つ大きな力について考えてみたい。

1節　言語文化財とは何か

1　人間にとって文化とは何か

　21世紀の現在において，私たち人間は，自分たちが"動物"の中の1つの種であることを知っている。しかし，19世紀の半ば，イギリスの博物学者ダーウィン（Darwin, C. R., 1809 ～ 1882）がその著作『種の起原』（On the Origin of Species）において，ヒトも動物の種の1つであり偶然と必然が生ん

だ，という説を唱えるまでは，人間という存在は，他の動物とは異なる発生を
した特別な存在と考えられていた。"この世界の創造主である神が特別に人間
をつくった"，あるいは，"人間の祖先は神（あるいは神の化身の動物）であ
る"という考えを 19 世紀にいたるまで信じてきたのである。ではなぜ，人間
は他の動物たちとは違う存在であると考えられてきたのだろうか。

　スイスの動物学者ポルトマン（Portmann, A., 1897 〜 1982）は，他の高等
哺乳類のほとんどが，生まれてすぐに自分の足で立ち上がる姿と比較して，人
間がそのような能力を得るまでに生後 1 年かかることから，人間は「生理的早
産」で生まれてくる，と考えた。しかし，成長後には他の動物とは比較になら
ないほどの様々な能力を得ることができる人間が，生まれた時にはなぜ未熟な
ままなのだろうか。それは，人間が人間としての能力を得るためには，生後 1
年間を人と人とが関わる社会的環境の中で成長する必要があるからである。古
来より，他の動物と違う存在として自らを考えてきた人間は，人との関わりな
しに人間としての特性を得ることができないのである。

　あえて未熟なまま生まれた人間は，成長しながら自分の生まれた環境に徐々
に順応していく。たとえば，生後 3 カ月頃の乳児は，様々な言語で使用されて
いる母音を聞き分ける能力を持っている。しかしその能力は，生後 10 カ月ほ
どで母語の母音以外はほぼ淘汰されてしまう。このようにして人間は，生まれ
ながらにして，様々な環境に合わせられる能力を持っており，生後，必要なも
のだけを残し，他を淘汰してできた余裕の中で，自らの存在する環境で生きて
いくための能力を伸ばしていくことができる。つまり人間は，あえて未熟な
ままで生まれ，地球上の様々な環境で生きていくための土台を生後 1 年かけて，
人と人との関わりの中で作っていくのである。

　しかし人間以外の動物は，生息している環境が持つ条件下でしか生きていく
ことができない存在である。冷たい北極の海の中でしか生きていけないもの，
過酷としか言いようのない砂漠で生きるものなど，それぞれの動物は，長い進
化の歴史の中で，その環境の持つ条件に徐々に適応してきたが，その条件の中
でしか行動することができないのである。それについてポルトマンは，このよ

うな動物たちの行動を「環境に制約された」と述べている。それに対し，人間は，地球上の様々な環境下で生きていくことが可能である。なぜならば，人間は，自分たちが生きていくために環境を作りかえたり，自らを環境に合わせたりする技術を持っているからである。その技術とは，たとえば，住居や衣服など，自らをその気候の持つ特色に合わせるものであったり，農耕や牧畜など，食べ物を得るために環境を作りかえたり，その環境に生きる動物を飼いならして利用するもので，その環境で暮らす人々が，それぞれに共同体を作り，生きていくために創り出してきた暮らしのかたち，つまり生活様式に現れてくるものである。このようにして，地球上の様々な自然環境の条件の下に，その環境に合わせた生活様式を創り出してきた。つまり人間は，自分たちの生きる世界を創り出すことができるのである。ポルトマンは，このことについて，人間の行動は「世界に開かれた」と述べている。人間が世界を創り出すために生み出した生活様式は，それぞれの民族・地域・社会で特色があり，様々な環境で生きていくための知恵と工夫に満ちたもので，その世代だけではなく，次の世代にも伝わっていく。それは「文化」と呼ばれているものでもある。

2　文化と言葉

　赤ちゃんは，生まれた時には「文化」を何も身に付けていない状態である。赤ちゃんは，成長していく過程の中で，自分の周りにいる大人，特に信頼関係で強く結ばれた母親との関わりを通して，言葉や基本的生活習慣など，その社会でのふるまいや態度を身に付けていき，その社会の中の一員として生活していくための基礎を作っていく。ふるまいや態度というものは，その社会特有の生活様式，つまり「文化」で，このように生まれながらにして持っているものではなく，後天的に獲得するものである。

　では，どのような方法でそのような「文化」を身に付けていくのだろうか。その過程の初期においては，身近な大人を模倣するという行動を中心に行われ，その後，「言葉」を獲得し，習得していく過程において，次第に言葉での伝達を中心に「文化」を自分のものにしていく。多くの情報を伝達するためには，

「言葉」を利用すると非常に効率がよく，また伝達されたものを自分のものとして蓄積するために「言葉」は有効な手段である。たとえば，目の前で行動する人がいなくても，「言葉」で伝達されれば，自分もその行動を模倣することができる。料理のレシピなど，その料理を食べたこともなければ，作っているのを見たこともなかったとしても，レシピに書いてある言葉通りに材料を準備し，行動すれば，その料理を自分で作ることができるのである。

　様々な技能や知識を伝達するためには，「言葉」は非常に大きな役割を果たしているが，「文化」と「言葉」にはどのような関係があるのだろうか。

　言葉というものは，名づけたいものの対象がまずあり，それをさす意味と音声の羅列を結びつけてできたように思われるが，世界各国の言語を比較すると，一概にはそうはいえないことが分かっている。たとえば，私たちは，水をその温度の違いによって，「氷」「水」「湯」という言葉で使い分けている。しかし英語では，氷は「ice」，水は「water」，湯は「hot water」である。つまり，水も湯も温度にかかわらず「water」であり，「湯」の場合は形容詞である「hot」を加えて表しているのである。これは，水の状態をどのような基準で分けようとしているのか，日本語の場合は温度で，英語の場合は固体（「ice」）か液体（「water」）かということになるのではないだろうか。つまり日本語では，「湯」を水とは違う状態として分けてとらえ，別の言葉で名づけたのであり，それをどのように考えて分けているのか，というのは，その社会の持つ「文化」によって異なるのである。「言葉」は，この世界にある事象をどのように切り取るか，言語によって違いがあり，それぞれの社会の「文化」によって切り取る場所が異なってくるのである。

　このようにして，「言葉」というのは，その「文化」の持つ価値観やものの見方などと切り離せないものであり，またその「文化」の持つ特徴を色濃く反映した「言葉」を乳幼児期に獲得し，習得することによって，その社会の持つ「文化」をも習得していくことになるのである。その言葉は「母語」と呼ばれるものであるが，この「母語」の獲得は自己形成において非常に重要である。誕生した時点の何もないところから獲得した「母語」は，自己を発揮し，他者

98

との関係の中で自己を確立するためには欠かせないものである。また，第一言語と呼ばれるように，思考の道具として自由自在に使いこなせるものとなり，心の中にイメージを広げ，深く物事を考え，自己を形成していくために重要な役割を果たす。そして，自己のアイデンティティーのみならず，その社会の「文化」を含む「言葉」を習得することで，民族のアイデンティティーをも形成するためには欠かせないものとなるのである。

たとえば，現在，日本に在住する外国人の子どもたちの母国語の習得において，顕著にその点が問題として現れている。日本に在住する目的が就労の場合，幼い子どもは保育所に預けられる場合が多い。そのため，外国語を母語とする両親から生まれたにもかかわらず，主な養育者が保育所の保育士となり，注意しなければ日本語を母語として習得してしまうことになるのである。これは，成長後に親子間のコミュニケーションを阻害してしまうばかりか，家庭生活においては，親が使う外国語が主として使われるため，日本語の習得としても中途半端にならざるをえない。コミュニケーションとしては不足がなかったとしても，細かいニュアンスや，そこに伴うイメージが弱くなり，思考のための道具として自由自在に操ることができなくなってしまう。そのため，自国の文化をアイデンティティーとして取り入れられないばかりか，自己形成にも大きく影響を及ぼしてしまうのである。

乳幼児期に言葉を獲得，習得する際には，ただ事物と音声だけを結びつけるだけではなく，実体験を通して，そのものの持つイメージを豊かにしていくこと，さらにはその「言葉」の背景にある自分の社会の文化を習得していくことが重要なのである。

3　物語と文化

このように人間の文化は，それぞれの社会で使われる言葉によって引き継がれていく。その長きにわたる歴史の流れの中で，大昔から今までに口伝えで伝わってきた物語＝伝承文学がある。民族や地域などそれぞれの社会に伝わってきた物語は，作者が特定せず，人々の間で自然発生的に生まれ，語り継がれ

てきた。主として，自分たち人間の起源を表したものである「神話」や，それを土台にしつつも，民衆の生活の中で培われた物語である「昔話」に分類される。

　現在では，長い物語も文字によって記録し，印刷やその他媒体を利用して広く流布することが可能であるが，それが一般大衆のものとして可能になったのは，人類の長い歴史から見てごく最近（18世紀以降）である。それまでは，誰かが文字で記録したものを自力で書き写すか，かなりの労力と時間を使って版木に彫るなどして刷るという方法がとられていた。しかしそのようなことができたのは，文字を読み書きすることのできる一部の人間であり，また貴重な一握りの物語であり，部数も少なかった。人々の中で伝播した物語の大半は，誰かから聞いた物語を覚え，またそれを誰かに語る，という方法で語り継がれてきたのである。語るのは個人であるため，それぞれの個人の思いや，それぞれの時代の価値観などが加わり，変遷してきた経緯もあると考えられるが，1人の人間が"長い物語を覚え，それを語る"ためにはかなりの労力を要する。そのため，そこまでして伝え聞かせたいと思うような強い原動力が物語の中になければ，多くの人の語りを通して，広く長く伝わることはなかったであろう。

　つまり，伝承文学は，長い時間と世代を超えて，個人の価値観や時代の価値観に左右されることのない，大切な部分だけ研ぎすませてきたものであるといえる。また，世界中に同じ構造を持つものが多く伝わっていることから，人間が本質的に求めている物語の形ともいわれている。

　しかし，このような伝承文学である「神話」や「昔話」は，現在の自然科学的なものの見方からは，荒唐無稽でファンタジックな内容としてとらえられる。自然科学は，私たち人間が様々な謎や不思議なもの，分からないものを解明したいからこそ発展してきた。この世界はどのようにできたのか，私たちはどのように生まれたのか，自然科学が未発達の時代にその謎を解明しようと，自分たちの思考活動の中でそれに対する答えを出したものが「神話」や「昔話」なのである。自然科学に頼らず，人間の想像力や創造力などの思考力を駆使した結果であるため，人間がこの世界をどのように見ているのか，またそれぞれの

社会によって，どのような価値観で世界を切り取ろうとしているのか，理解していく手がかりとして重要なものであり，私たち人間のものの見方，考え方を支える土台となるものなのである。

　私たちは言葉によって世界を見て，それに対して考えたものを言葉で伝えてきた。あくまでも言葉は“そのもの”ではなく，それを記号によって表したものである。「百聞は一見にしかず」という諺がある。耳で百回聞くよりも一度見ただけのほうがよく分かるという意味である。確かに，記号として伝えられたものより，そのものを実際に見るほうが理解は早いだろう。しかし逆に考えると，一度見てしまったらそこで考えることを止めてしまうことにもなるが，耳で聞いている間は百回もそのものについて考える，ということではないだろうか。何度もそのものについて聞く度に，様々な思考活動が繰り返し行われる。

　社会それぞれの文化を伝える様々な物語に触れることは，ものの見方や考え方，価値観を自分のものとして取り入れ，またさらに思考力を駆使して新しいものを創造していく原動力となる。その様々な物語は「言語文化財」と呼ばれ，神話や昔話などの伝承文学に始まり，個人が創造した物語や，言葉以外の視覚表現と組み合わせた作品として発展してきたのである。

2節　子どものための言語文化財

　今日，言語文化財と呼ばれるものは多岐にわたり，またその分類には諸説あるが，ここでは保育現場で一般的に使われているものに従って分類する。

1　伝承文学——神話・昔話・わらべ歌

　日本では，江戸時代に代表的な昔話をまとめ，「御伽草子」として木版刷りの絵本が子どもたちの手に渡り，ヨーロッパでは，17世紀にフランスのペローが子どものため昔話を再話したものが，それぞれ子どものための本の起源とも呼べる。このことから，「子どものための文学」の起源は，伝承文学にあるとい

えるだろう。伝承文学の種類には以下のようなものがある。

神話　世界中のそれぞれの民族や社会，または事物の起源を表現したもの。各民族により独自の神話を持っているため，異文化の世界観や価値観を理解するのを大いに助ける。

昔話　民衆の生活の中で生まれ，伝わってきたもの（民話ともいう）。定型として「昔々あるところに」と始まるように，時代や場所を特定せず，登場人物も「爺」「婆」「○○太郎」など記号的な特徴づけで語られる。

伝説　それぞれの地域で，特定の場所，時代，人物などについて，謂れや由緒などを語ったもの。歴史上の人物や史跡などにまつわることが多いが，奇想天外な内容の場合もある。

わらべ歌　母親が子どもをあやしながら歌うもの，また子どもの間で歌い継がれてきた遊び歌。子どもが生まれて初めて出会う文学ともいえ，各国・地方のイントネーションに沿った旋律で歌われる。

　明治期より，子ども向けに出版された作品の多くは「昔話」や「神話」を翻案したものであった。中でも，巌谷小波（1870〜1933）によって，平易な口語調に翻案された昔話や，海外の名作は「お伽噺」と呼ばれていた。このようにして，子どものための文学とは，「昔話」からスタートしたが，子どものためのお話の総称として広く一般的に使われてきたのは「童話」という言葉であり，明治期に広く使われ始めた当初は，子ども向けに翻案された昔話のことを呼ぶことが多かった。

2　創作文学──児童文学（童話・童謡）

　近代以降，社会の従属物でなく，一個人としての子どもという存在がいわれるようになってから，子どものための文学が創作されるようになった。当初は「子どものための」とひとくくりにされており，年齢別発達段階別に子どもの理解力を考えて創作され始めたのは，日本においては昭和期からといわれている。一般には，就学前から小学1，2年までの子どものための創作文学として，「幼年童話」または「幼年文学」という言葉がよく使用されているが，特に

「幼年童話」は日本独自の用語であり，はっきりとした定義は未だなされていない。

　日本では，大正期に「子どもにこそ，芸術性の高い作品を」という風潮が高まり，「子供の純性を育むための話・歌を創作し世に広める一大運動」を宣言した鈴木三重吉（1882 ～ 1936）が，1918 年に "童話と童謡の雑誌" である『赤い鳥』を創刊し，当時の流行作家であった芥川龍之介（1892 ～ 1927）などが寄稿していた。その流れに乗り，小川未明（1881 ～ 1961）や浜田広介（1893 ～ 1973）に代表されるように，大正期から昭和初期にかけて活躍した作家たちの多くが，幼い読者を対象にした作品を創作している。子どものための読み物を文学作品にしようと目指した時代ではあるが，それらの多くが，「難しいもの，長いものは幼い子どもが楽しむことは無理だろう」という視点から，ストーリーは短く単純で，大人から見た美しい「童心」や「郷愁」，子どもの生活風景の一部を描いたもの（「生活童話」），あるいは作家が自己表現として「童話」というスタイルを選んだものが中心であった。

　ところで，「童話」という言葉の使い方が一応固定されたのは，『赤い鳥』創刊からである。現在では，比較的幼い子どもを対象にして書かれた創作文学，あるいは，読者の年齢を限定せずに，美しい「童心」を描いた作品，現実的な物語ではないメルヘンやファンタジー作品をさすことが多い。しかしドイツを中心としたヨーロッパの昔話を集め，再話したグリム兄弟の著作を「グリム童話」，デンマークの作家アンデルセンの創作文学を「アンデルセン童話」というように，伝承文学・創作文学の違いにもかかわらず，子ども向けに書かれたとされるものはひとくくりに「童話」と呼ぶことからも，この言葉の概念が曖昧であることが分かる。また，『赤い鳥』では，創作児童文学を「童話」として発表していた一方，子どものために作った創作の詩については，「童謡」とし，多くの作品が発表された。今では「童謡」は，子どものために作られた創作歌曲をさしていうことが多いが，そのスタートは，『赤い鳥』創刊年に掲載された西条八十（1892 ～ 1970）が作詩した「かなりや」に，翌年に成田為三（1893 ～ 1945）が曲をつけ，楽譜を掲載したものである。

　戦後になり，子どものための文学を改革しなければならない，という風潮が強まり，1960年前後から，『ながいながいペンギンの話』（いぬいとみこ，1957，宝文館）のように，幼年向けであっても比較的長く，ストーリーも複雑で，子どもの持つあるがままの心情の側から描いた作品が登場し始める。それ以降は，ナンセンス・テール『ぼくは王さま』（寺村輝夫，1961，理論社），現役の保育所保育士がありのままの子どもの姿を描いた『いやいやえん』（中川李枝子，1962，福音館書店），母親の視点から子どもの成長や家族の問題を描いた『ちいさいモモちゃん』（松谷みよ子，1964，講談社）などが続き，幼年向けの創作文学は，急速にその作品世界を広げた。

3　絵本

　絵本とは，ストーリーやテーマを絵（と文）を用いて表現し，ページをめくるごとに内容を効果的に見せるよう工夫したものである。絵を見ることで内容を読み取ることが可能なので，まだ文字を読めない子どもにとっても，大人が文字を読み聞かせることで内容を補い，絵本の世界を楽しむことができる。

　内容で分類すると，作家が作ったストーリーによって展開する「物語絵本」（創作絵本とも呼ばれる），昔話を題材にした「昔話絵本」，子どもが興味・関心を持つものを題材にした「知識絵本」，科学的な知識や考え方を題材にした「科学絵本」，基本的生活習慣を身に付けることを目的にした「生活絵本（しつけ絵本）」，乳児を対象にした「赤ちゃん絵本」などがある。

　絵本の歴史は，印刷技術の向上とともにあったといっても過言ではない。なぜなら，原画を忠実に印刷するためには，それなりの印刷技術が必要だからである。このため，子どものために比較的手に入りやすい形で流通することができるようになったのは，ヨーロッパでは産業革命の起こった18世紀，日本では，明治期以降であった。

　日本においては，江戸時代には木版刷りの技術に優れていたため，「子どもが楽しむもの」としての，安価なつくりの絵本が流通していた（「赤本絵本」）。その後，明治維新を経て，近代国家へと進んでいく国策の中で，「子どもに良

いもの」として，"教育的な配慮"のある絵本が作られるようになった。そして，日露戦争（1904年）後に3色掛け合わせの印刷技術が可能となったあたりから，様々なテーマや技法で作られた絵本が次々と出版され，月刊で発行するカラー絵を中心とした「絵雑誌」も人気を博した。大正期に入り，娯楽を追求した作品がある一方，先に述べた創作児童文学の流れと同じく，絵本においても芸術性に優れたものが出版され，また海外からの翻訳絵本も取り入れられてきた。しかし昭和に入り，戦争の影響が色濃くなると，絵本は，子どもたちに大きな影響を与えることから，戦争を鼓舞する内容へと移行せざるをえなくなった。つまりこの時代までは，社会が求める子ども像として，それを反映する絵本作りがなされていたのである。1940年代に入ると，出版統制の強化とともに，物資不足のため絵雑誌は次々と休刊し，出版される絵本もわずかとなっていった。

　その後終戦を迎え，再び絵本が多く出版されるようになり，子どもたちの健全な成長を願った作品へと移行していくようになる。まずは1950年代頃からは，「岩波の子どもの本」をはじめとして，優れた海外作品を翻訳したものが登場し，1960年頃からは，日本の作家による作品が出版された。この時期に出版されたものの中には，未だに版を重ねて流通しているものもある。たとえば，子どもたちに長く人気のある絵本の多くは，『ぐりとぐら』（中川李枝子／作，大村百合子／絵，1967，福音館書店）や『はらぺこあおむし』（エリック・カール／作・絵，もりひさし／訳，1976，偕成社）など，食べる喜びを謳歌したものが多い。これらは，子どもたちの生活に密着しており，興味や関心に基づき，子どもの喜びに共感するものである。

4　紙芝居

　脚本に従って描かれた連続的な絵を，演じ手が次々と抜きながら演じていくもの。絵巻物の伝統を基盤に，江戸時代末期から明治にかけて庶民の間で楽しまれた「写し絵」や「錦影絵」と呼ばれる，暗がりに絵を光で浮かび上がらせる"幻灯"の技法で演じたものをルーツとした日本独自の芸能文化である。「写

し絵」の技法を残しながら簡易化し，現在のペープサートのようなものを「立絵」と呼んで「紙芝居」と称されるようになったが，さらに簡易化し，平面に描かれた紙を抜く，という「平絵」という現在の紙芝居の形になった。

　テレビが普及する前は，子どもたちの娯楽として，駄菓子を売りながら興行し，街中のあちらこちらで楽しまれていた。子ども受けを目的とするため，内容的には俗悪なものも多く見られ，非難も多く受けたが，その子どもへ訴える視聴覚性の特性を評価し，利用を進める動きも様々な分野で生じ，それらは，これまでの「街頭紙芝居」に対し，教育的な内容として「教育紙芝居」と呼ばれるようになった。1938 年には「日本教育紙芝居協会」が設立され，戦時中は「国策紙芝居」として，子どものみならず一般成人も対象として，戦意高揚を図るものとして活動が拡大していった。

　戦後，「街頭紙芝居」も復活し，娯楽の少ない子どもたちの間で戦前を凌ぐブームとなるが，テレビの普及によって衰退していく。しかし，当時作家として活躍していた水木しげる（1922 ～ 2015）や白土三平（1932 ～）らが，その後のマンガの，特に劇画と呼ばれる分野で活躍し，マンガ文化の発展の一翼を担った。一方，「教育紙芝居」は，1950 年前後から盛んになり，数多くの紙芝居が出版された。小学校の教材としても活用されたが，1967 年の文部省教材基準改定によって小学校での利用はなくなることになる。その結果，教育紙芝居として出版されたものは，幼稚園や保育所での幼児に向けての利用が中心となり，現在でも絵本と並び，多く活用されている。

5　漫画（アニメーション）

　人物の動作や表情，情景などをデフォルメして描いた絵に，吹き出しに入ったセリフ，擬音，モノローグ，説明文などの文字情報を加えたコマ絵を複数つなげ，動きやストーリーを表現したもの。もともとは，世相や政治を風刺する滑稽な 1 枚絵＝ポンチ絵をさしていたが，大正時代から昭和初期にかけ，面白おかしくデフォルメされた絵にセリフなどを付加したものが子ども向け雑誌に掲載され，「漫画」と呼んで人気を博すようになる。1920 年代には，コマ絵

の横に文章を添え，長いストーリーを表現した絵物語が大流行し，1930年代にはストーリーをコマ形式で，かつ絵の中でセリフを吹き出しによって表現する現在の手法と同じ方法に取って代わるようになった（田河水泡『のらくろ』など）。さらに戦後，アメリカ文化の影響を受け，映画的手法が使われるようになり，ストーリーもコミカルなものからシリアスなものまで幅広く表現されるようになり，子どもから大人向けのものまで多数出版されるようになった。

　現在の漫画表現は，4つのコマで起承転結を表す「4コマ漫画」，大小様々な複数のコマ絵を数ページ続けて物語を表現する「ストーリー漫画」が主流である。情報を絵で表現することが可能なため，文字だけでは内容が理解しにくい年齢の子どもたちにもアピールできる点を利用し，科学や歴史など学習用として活用されることも多い。また逆に文字情報だけでなく，連続した絵で登場人物の心情や世界観を表現できる媒体として，文学性に優れた作品も多い。基本的には，絵と文字情報を同時に理解し，コマやページを追っていく必要があるため，個人で楽しむことが前提とされており，文字の読めない幼児には不向きともいえる。しかし，多くの漫画作品はアニメーション化されており，就学前の子どもたちにも受け入れられ，日常の子どもの遊びにも大きな影響を与えるため，現代の子ども文化とは切っても切れない関係があると認識すべきである。

　なお，大正期から映画館で上映されるアニメーション作品は「漫画映画」，テレビで小学生以下の子どもを主な視聴対象として毎週帯番組で放映されていたものは「テレビまんが」と呼ばれていた。1970年代半ば頃から，低年齢の子どもだけでなく，ティーンエイジから上の層にまで受け入れられる作品（「宇宙戦艦ヤマト」「機動戦士ガンダム」など）が登場した頃から，アニメーションと呼ばれるようになった。漫画作品の初出は漫画専門誌での掲載が主であり，長期連載の中で人気が出てアニメーション化され，より一般に認知されるという経緯をたどる。中には一世を風靡し，長寿番組として親しまれ，さらには海外でも放映されている作品も数多い（「ドラえもん」など）。また，初出が新聞や青年誌などの青年・一般向けの媒体であっても，テレビで放映されたために子どもの文化に多大な影響を与えた作品もある（「サザエさん」「クレヨンしん

ちゃん」など）。

　一昔前の子どもの娯楽は，漫画とテレビ番組が主流であり，その娯楽性を強調したスタイルから，「教育上，子どもに悪影響を与える」と評価されていた。しかし現在では，紙媒体の漫画，アニメーション作品ともに優れたコンテンツとして，日本を代表する文化であると世界中で認知されている。ただし現状として，重版を繰り返す作品は一部のみで，本体も廉価で製本が粗雑であるため破損しやすく，ごくわずかな人気作品を除いて，各作品の寿命は極めて短い。

3節　保育の中での言語文化財を考える

1　伝承された文化を尊重するということ

　保育の現場では，昔話や神話などを絵本にしたものを読み聞かせることや，そのまま素で語ること（ストーリーテリング），またペープサートやパネルシアターなどで演じたり，生活発表会などの題材としたりすることもある。その際に注意したいのは，物語の本質を損なわないようにすることである。昔話に登場するモチーフには，現在の感覚でいうと“残酷”であるものも多いが，物語を改変してしまうことは，本来それが持つテーマを損ねてしまうことにつながる。聞き手は主人公に同化して物語を受け取るため，主人公が命懸けの危機を回避し，幸せをつかむという筋立ては，本来は敵が死ぬことを残酷なまでに表現した，つまり徹底的に障害が排除された結果でなければならないのである。

　現在広く一般に親しまれている「3びきのこぶた」（イギリス），「白雪姫」（ドイツ）などの昔話の筋書きは，ウォルト・ディズニーのアニメーション作品によって広められたものである。前者は，伝承されてきたストーリーの前半部分だけを残すのみで，登場人物もコミカルにデフォルメされており，さらには昔話の重要な要素である「自らの障害になるものは徹底的に排除し，乗り越える」というモチーフにあたる「オオカミを殺してしまう」というような

描写もない。また後者は，本来3回繰り返されるエピソード（魔法使いによる白雪姫殺害の企て）が1回だけ（毒リンゴによる殺害）にとどまり，物語性の奥行きを損ねている。このようにして，ディズニーのアニメーション作品のみならず，一般に流通している"昔話絵本"などの中には，長く伝わってきた話を個人の作家が改変している場合も多々あるため，元となるテキストを選ぶ際には配慮が必要である。

　また，伝承文学だけに限らず，創作文学や創作絵本においても，安易にストーリーを改変してしまうことは避けたい。たとえば，悲しい物語の結末をハッピーエンドに変更するなどは，創作者がその物語に込めたかったテーマを無視してしまうことにつながる。また，何かで演じる場合，脚本を組み立てる際の文章を整理していく過程で，物語の展開に必要な要素を抜いてしまったり，改変してしまったりする場合もある。特に絵本を題材にする際，絵本というものは，絵と文章が一体となって物語を表現しているために，改変を避けようとして絵本の文章をそのまま脚本としてしまうと，絵で表現されている部分が欠けてしまう場合があるため注意したい。

　保育の場で物語を活用する場合，子どもにとって，それがその物語との初めての出会いとなることも考えられる。昔話の主人公を子どもの好きなキャラクターに変更したり，ストーリーの筋を面白く変えたりしてしまうこともあるが，それは元々の物語を知っていた上でパロディとして成り立つのであり，小手先で面白おかしく変更したものが，出会った子どもにとっての物語とならないよう，意識をして取り組むべきである。

2　保育者としての自分を見つめ，育てる

　「幼保連携型認定こども園教育・保育要領解説」（平成26年12月，内閣府・文部科学省・厚生労働省）において，「園児一人一人に応じるための保育教諭等の基本姿勢」として，次のように書かれている。

　　園児の姿を理解しようとするならば，保育教諭等は園児とかかわって

いるときの自分自身の在り方やかかわり方に，少しでも気付いていく
必要がある。実際に行った園児とのかかわりを振り返り，自分自身を
見つめることを通して，自分自身に気付いていくことができるのであ
り，繰り返し，そのように努めることで，園児一人一人に応じたより
適切なかかわりができるようになるのである。

　また，保育教諭等は自分の心の状態を認識し，安定した落ち着いた
状態でいられるように努めることも大切である。

　物語を読むことは，自分を見つめる鏡のようなものである。自分が何に喜び，
何に嫌悪し，どのような時にどのように感じるのか，物語の登場人物を通し，
見つめることができるだろう。また物語は，自分では体験しえない世界との出
会いも与えてくれる。日々の生活の中で子どもなりに世界と関わる子どもたち
と，保育者も同じ視線で世界と関わるためにも，人間の本質的なものの見方を
集約したといえる昔話や神話，また，子どものために書かれた物語を読むこと
には大きな意義がある。

　さらには，保育者の気持ちが安定していること，それは子どもたちと関わる
上で最も重要なことである。保育者は，子どもや，その背後にいる保護者，そ
して同じ場で仕事をする職員たち，つまり対人間の仕事である。人間関係によ
るストレスや，自分の性格に対する嫌悪，劣等感，日々の生活の中では，他者
から見ると些細なことでも，自分の心にとって大きな障害となるものも多く存
在する。しかし，そうしたものを見つめ直し，乗り越えていく力を持たなけれ
ば，心の安定を図ることはできない。優れた文学作品には，人間の精神におけ
る普遍的な要素が含まれており，物語を通してそれを経験することは，様々な
障害を乗り越える力を培っていく大きな助けとなる。

　このように，言語文化財としての昔話や絵本，また児童文学といったものは，
子どもたちのためだけに活用するのではなく，人格形成の基礎を培う時期に大
きな影響を与える立場の人間として，自分の内面を成長させるためにも重要な
役割を果たすだろう。

4節　保育現場での言語文化財の活用

「児童文化」という言葉が使われ始めるのは，大正末期（1920 年代）になってからであり，それには子どもたちの遊びの中で伝承されてきたものと，大人たちが子どもの健やかな成長を願って作られたもの，という 2 つの側面がある。保育現場で活用される言語文化財は，その後者であり，「児童文化財」と呼ばれる。これは，保育者が，子どもたちの日々の生活の中で，望ましい方向に向かって成長していくために願いを込め，言語文化財を元にして作ったり，表現したりしていくものである。

1　絵本

a　絵本の活用方法

（1）保育者と少数の子どもとの間でのコミュニケーションの媒体として

絵本は元々個人で楽しむもので，まだ字が読めない幼い子どもにとっては大人の助けを借りて楽しむものでもある。保育者と少数の子どもたちとの絵本を通してのコミュニケーションとして，特に 3 歳未満児の場合は，信頼のおける大人からの語りかけと，それを通しての楽しいやり取りを大切にして行いたい。

3 歳未満児の場合は「赤ちゃん絵本」と呼ばれるものが活用される。内容は，日常生活の中の再確認ともいえる，乳児の生活や興味・関心を持つ対象に密着したもの（食事や着替えなど基本的生活習慣の絵本，動物や乗り物の絵本），また，喃語を楽しむように，音声と絵の対応の面白さを楽しむものが多い。乳児は，自分の知っている事物を絵本で再確認することを非常に喜ぶ。そのため，身近なものを描いた絵柄については，かわいらしくデフォルメしたものより，リアルに近ければ近いほど，よい場合がある。たとえば，果物や動物，乗り物などのリアルな絵に対し，乳児は「知っている！」と訴えるように指さし，大人はそれに応え，それについての名前（「ワンワンね」「電車だね」）や，子どもの生活に密着した言葉（「お散歩行ったら会えるかな」「このあいだ見たね，かっこいいね」）をかけることによって，絵本の世界と自分の経験や頭の中の

イメージを結びつけることができ，より絵本を楽しむことができる。

（2）多数の子どもに対する読み聞かせ

　保育現場でよく行われる「絵本の読み聞かせ」であるが，集団での活動に慣れてきた3歳頃から，絵本を中心とした共感を子どもたち同士が持つことを大切にしながら行いたい。そのためにも，最初から最後まで一貫したストーリーがあるものがよい（物語絵本や昔話絵本）。ストーリーがあったとしても，途中でクイズがあるようなものや，絵の中から何かを探したりするものなどは，ストーリーを中断してしまい，本来の“絵本を楽しむ”ことから，子ども同士のコミュニケーションなど，別の目的になってしまう場合があるので注意する（その場合は，後述の（4）「絵本を通じた友達とのコミュニケーション」となる）。なお，絵本は“絵から読み取ること”が大事なので，読み聞かせる子どもの全員に“絵が見える”ことが重要となる。サイズの小さいもの，絵が細かすぎるものや絵柄がぼやけているものなどは，子どもの人数によって適さない場合がある。

　読み聞かせる際に注意したいのは，“絵本の物語世界を存分に楽しむ”ことである。そのためには，あくまでも絵本が主役であり，読み手は過度に演じることは避けたい。しかしそれは，無表情に読む，淡々と読む，ということではなく，あくまでも絵本の物語の流れの中で，声の強弱やスピード，抑揚，間合い，ページをめくるタイミングなど，登場人物の特徴やストーリーの展開に合わせて読むことが重要である。そのためには何度も繰り返し声に出して読み，“絵本の物語が求めてくる”読み方を習得することが欠かせない。また，読み聞かせを始める時，終わる時にも注意を払いたい。読み始める前は，子どもたちに表紙がしっかり見えるように構えてから，絵本のタイトルを読みあげて，子どもたちに「今から始まる」という気持ちを持たせ，さらにゆっくりと1枚ずつ表紙から見返し，内表紙までページをめくる。その間に，子どもたちが“絵本の物語の世界”に入る準備が整う。そのタイミングでさらに内表紙のタイトルを読むようにすると，子どもたちはそのまま“絵本の物語の世界”に入っていくことができる。読み終わる最後も，最後のページを読み終えたら，

またゆっくりと見返し，裏表紙とめくっていき，裏表紙の絵をしっかり見せ，また表に返して表紙を見せるようにする。絵本の中には，裏表紙に物語の続きのシーンが描いてあったり，表紙から続いて見開きにすると1枚の絵になったりしているため，子どもたちにもその絵をしっかりと見せることを怠らないよう注意したい。また，"絵本の物語世界を存分に楽しむ"といっても，必要以上のことを加えて語ってしまったり，絵について説明してしまったりすると，子どもが自分から絵本を楽しむ状況を阻害してしまう。たとえば，「○○が○個ありました」などという場合，絵に描いてあるものの数を「1つ，2つ，3つ……」と読み上げたりすると，ストーリーを中断してしまうばかりか，子どもが自分から気づこうとする意欲を阻んでしまうことになる。

　絵本の読み聞かせは，絵本さえあれば手軽にできるため，現場では重宝されるが，決して，「時間が余ったから」と適当に本を選んで初見で読むようなことのないように，そのような状況でも，前もって練習を重ねたものを読むように心がけたい。なぜなら，絵本の物語の世界を子どもたちに存分に楽しめるように読み聞かせることができなかった場合，その絵本と子どもたちの出会いをよくないものにしてしまうことになる。手軽にできる分，絵本を制作する側は子どもたちのために非常に長い時間と労力をかけていることを忘れず，絵本と子どもとの出会いが常によいものになるように努めたい。

（3）活動の中で自分の興味を持ったものを調べる

　普段の遊びの中で，子どもが知りたいと思ったものをすぐに調べられる環境が重要となる。園庭にあるもの（樹木・草花・昆虫）や，遠足で出かけた先のことを調べることができるもの，子どもの遊びが広がっていくもの（折り紙や工作）など，その時の保育の内容に合わせ，子どもがすぐに手に取れるところに準備しておくようにしたい。

（4）絵本を通した友達とのコミュニケーション

　どんな絵本においても，子どもの興味・関心の向く内容であれば，文字がまだ読めなくとも，絵を通して子どもたち同士で楽しむことができる。なお，集団での読み聞かせをした後，そのストーリーが子どもにとってまだ鮮明なうち

には，子ども自身で絵本を読み返すことできるため，必ず子どもの手に届くところにその絵本を置いておくことが重要となる。また，絵だけで楽しめるゲーム性のあるもの（迷路や絵探し）も友達同士のコミュニケーションを深め，自分だけでなく，友達と協力して物事を考えたりイメージを広げたりする面白さや，その大きな力を経験することができるだろう。

b 絵本の選び方

現在，「絵本は子どもにとってよいものである」という風潮も高まり，次々と新しいものが出版されている。その中から，"いいもの"，つまり，子どもの気持ちにぴったりと寄り添うもの，子どもの生活に合ったもの，子どもの興味・関心を高めるもの，そうした適切なものを選ぶことはなかなか難しい。そのためにも，多くの絵本を読んでおき，その自分の中にある"絵本の本棚"から，適切なものを選び，また実際の保育の中で，子どもにとってその絵本はどのように受け入れられたのか，ということを考察することが重要である。

しかし，闇雲に大量の絵本の中から1冊を選ぶのではなく，有力な手がかりとしては，「年を取っていて働き者」の絵本を探す，という方法がある。つまり，「出版されてから数十年経過し，さらに版数を重ねている」もので，それは，絵本の奥付の「初版出版年」と「第〇刷」を見て確認することができる。出版されてから長く子どもに受け入れられている絵本は，世代を超えて，子どもたちの心をとらえる普遍的で大きな力を持っていると考えられるからである。

2 紙芝居

「紙芝居」は，現在は本体としては出版物であるため，絵本と同じような利用が考えられるが，そのルーツから鑑みても，「紙芝居」は元々大勢の観衆の前で演じることを目的としており，文字通り脚本に従って「芝居」をするためのもので，絵本とはまったく異なったものである。よって，読み手の"演じ方"，つまり紙の抜き方と声での演技が，紙芝居を効果的に見せる重要なポイントとなる。

まずは紙の抜き方。場面展開の効果には，ゆっくりと抜く，素早く抜くと

いったものや，半分だけ抜いて絵を隠したままにし，次に現れるものへの期待を抱かせるなど，その内容の展開に合った様々な紙の抜き方で，平面の絵をドラマチックに動かすような効果が得られる。紙芝居には専用の舞台があり，何枚も束になった紙芝居を固定し，"抜き"の演技がしやすくなっているため，なるべく舞台を使って演じたいが，ない場合は，左手で下部をしっかりと固定し，束がばらけてしまわないように注意しながら行うとよい。

次に声の演技であるが，絵本の読み聞かせが過度の演技を控えるほうがよいのに対し，紙芝居の場合は，読み上げるものは芝居の脚本であり，キャラクターのセリフも多いため，声音を使い分けるなど，なるべく大げさに演じていくほうがよい。また，クイズ形式になっているものなど，子どもとのコミュニケーションを交えながら演じるものもある。紙芝居は大勢の観衆に見やすくするため，基本的にはっきりとした絵で描かれており，抜き方で絵が動いているかのようにも感じるため，それに合った演技でキャラクターを生き生きと演じながら行うよう心がけたい。

なお，紙芝居は平面の絵のため，手作りでの作成も比較的容易にできる。目の前にいる子どもたちの生活に沿って，興味関心を持って楽しむことができるものを手作りし，子どもたちと楽しむこともよいだろう。

3　ストーリーテリング

本や人形などの補助を使用せず，物語を語り聞かせることを「ストーリーテリング」といい，「素話」あるいは「お話」とも呼ばれている。文字による記録・伝達方法のなかった時代から，長きにわたり物語を伝えるためには，この素話の方法がとられていたわけだが，現在では，図書館や文庫などで，「お話の会」として語られることが多い。素で物語を語るという手軽さはあるが，語るためには長い物語を暗記した上で，聞き手が耳だけで聞いた物語を楽しめるよう，語り方の練習を重ねる必要がある。しかし，言葉だけで物語を語り，その世界を聞き手と共有するということは，物語の原点であり，物語の持つ力を大きく感じる場でもある。さらには，聞き手の頭の中で，物語の世界を自由自

在に広げていくための大きな言葉の力を培っていくのである。

　聞き手は，語り手の語る物語を耳で聞き，それぞれのイメージを膨らませながら物語を楽しむ。そのため，語るテキストの選択が重要となる。そこで主としてストーリーテリングで語られるものは，昔話が中心となるが，その際には，昔話の法則を守りつつ簡潔に語りながらも，耳で聞いただけで正確に理解できるよう状況を説明する言葉を省いてはならない。そのためには，十分吟味した言葉を選んで再話したテキストを元に語るように気をつけたい。

　なお，昔話以外でも創作児童文学を語ってもよいが，昔話は元々耳から聞く文学として，無駄なものをそぎ落としたものだということを念頭に置くことが重要となる。創作の場合は，耳で聞くよりも目で読むものとして書かれているものであるため，耳で聞き，物語の世界に集中するものとして不適当なものもある。また個人の創作のために，多くの聞き手に向けての物語としては個人の好みなど影響を受けやすい。その点を考慮した上で，適した物語を選びたい。

4　人形劇

a　人形劇の種類

　人形劇は，人形（物体）を人間の代わりにして演じられる芝居のことである。人形劇の発祥は不詳で，それぞれの民族の宗教や娯楽などと関わりが深く，各民族の中で独自のものが伝承されており，日本の「文楽」など，その国の伝統文化とされているものも多い。子ども向けの人形劇が始まったのは，子どもへの教育が系統化されてきた19世紀後半といわれている。

　人形劇の形式には，様々な種類があるが，指，片手，あるいは両手で直接操る人形「手使い人形」（パペット），人形の頭部や手，足などに取りつけた棒を操って動かす「棒使い人形」，人形の頭部や手，足などに取りつけた糸を上から操って動かす「糸繰り人形」（マリオネット）が代表的である。他には影絵を利用したもの，人間が着ぐるみを着て演じるものなど，その方法は多岐にわたるが，保育現場では，子ども向けにペープサートやパネルシアター，エプロンシアターのように比較的手軽に準備・演じることができるものが活用されて

いる。

　b　ペープサート

　ペープサートは，人物の絵などを描いた紙に棒をつけたものを動かして演じる人形劇で，「紙人形劇」とも呼ばれる。元は，明治時代中期に街頭で子ども向けに行われていた「立絵」と呼ばれる人形芝居で，1930年代に現在の方式の平絵で表現された「紙芝居」が登場するまで，この方式が「紙芝居」と呼ばれていた。なお，ペープサートは和製英語で，英語ではペーパーシアター（paper theater）といわれる。

　紙人形は，表と裏に同じポーズで左右逆向き絵を描いたものを貼り合わせたもの（基本人形），表と裏に違うポーズや違う表情を描いたもの（活動人形）を舞台上で左右に動かしながら，表と裏に返すことで，動きの向きを表現（基本人形）したり，動きや表情の変化を表現（活動人形）したりすることが可能である。この紙に絵を描いたものに棒をつけるだけという簡易な方法で作成できるため，保育現場では保育者が手作りしやすい。また，子どもの絵を活用することもできる上，子どもたちで演じることもできる。

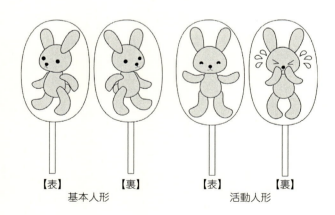

　　【表】　　　【裏】　　　　　【表】　　　【裏】
　　　　基本人形　　　　　　　　　　活動人形

図4-1　ペープサート

c　パネルシアター

　パネルシアターは，起毛した布（フランネル）を貼ったパネルボードに，絵または文字を描いた不織布（紙人形）を貼ったり剝がしたり，動かしたりして，物語を演じたり，クイズやゲームなどを行うもの。1973年に浄土宗西光寺の住職，古宇田亮順によって創案された。

　紙人形を様々な演目に合わせて作成すれば，使用するパネルボードは1台準備するだけでよい。紙人形も比較的手軽に作りやすく，演じる際もパネルボードに紙人形を貼ったり剝がしたりするだけで，子どもが紙人形を操って演じることもできるため，保育現場ではよく活用されている。

　現在は専用のパネルボード用の布と，そのパネルに接着しやすい不織布「Pペーパー」が市販されており，書店などで購入できる。Pペーパーには，油性または水性マーカーや，ポスターカラーなど，身近な用具で絵を描くことができる。また，蛍光塗料を使用し，黒色のパネルで，ブラックライトを利用すると，暗がりに紙人形を浮かび上がらせることもできる。また，貼って剝がす，という動作の他に，次のように工夫すると様々な効果を楽しむことができる。

　・紙人形にパネル布で裏打ち……紙人形同士を接着することができるため，

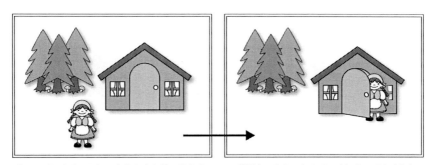

①森で迷った女の子は，小さな家を見つけます　　②誰もいなかったので，中に入ってみました

「3びきのくま」の一場面

図4-2　パネルシアター

大きな紙人形の上に小さなものを重ねて貼ることができる。
・紙人形に糸をつける……糸を引っ張ると，離れたところから紙人形を動かすことができる。さらに紙人形同士をつなげ合わせておくと，同時に動かすこともできる。

d　エプロンシアター

エプロンシアターは，エプロンを舞台に見立てた人形劇の一種で，エプロンのポケットから人形を出し入れしたり，エプロン上に貼りつけたり剥がしたりしながら，物語を演じたり，クイズやゲームなどを行うもの。1979年に中谷真弓が考案した。

エプロンは，キルティングなど厚地の布で土台を作り，別布で舞台の大道具に模したポケット（登場人物の家など）を縫いつけ，人形を配置したい場所に面ファスナー（マジックテープ）のループ側を取りつけて作成する。人形はフェルトで綿入りのものを作成し，裏に面ファスナーのフック側を取りつけ，

①家の形のポケットからジャックを取り出す　　③地面に見立てたポケットから豆のつるが伸びる
②豆を地面に見立てたポケットに入れる　　　　④伸びたつるは，雲の上にあるボタンに留める
　　　　　　　　　　　　　　　　　　　　　⑤胸当て部分の雲をはずし，お城が現れる

「ジャックと豆の木」のエプロン上の配置転換の例

図4-3　エプロンシアター

エプロンの面ファスナーに貼ったり剥がしたりして演じる。なお，隠しポケットを作って，ポケットに入れた人形を別の場所から取り出したり，大きめの布を剥がして場面転換したりするなど，ダイナミックな動きも楽しめる。

　1つの演目に対し，専用のエプロンを作成する必要がある上，作成には比較的時間がかかるため，手軽に準備することは難しいが，エプロン1つで楽しめるため，行事などで特別な時に演じることが多い。

5　その他，「言葉」を使った遊び

　3歳頃から，「言葉」を自由に頭の中で操作することが可能になってくるため，「言葉」を素材にした遊びを自分たちで楽しめるようになる。言葉を習得する過程での，言い間違いや勘違いも含め，言葉の面白さに気づき，そこから様々な視野を広げ，深く物事を考えていく力も培っていく。古くから子どもの遊びとして伝わってきた言葉遊びは様々な種類があり，子どもたちとの楽しいコミュニケーションとして取り入れたい。

a　しりとり

　はじめに出された言葉の最後の文字（音声）を次の人が受け，その文字（音声）から始まる言葉を言い，また次の人がその言葉の最後の音声から始まる言葉を順に言っていく遊び。誰かが先に言った言葉や「ん」で終わる言葉は使えない，といったルールがあるが，語彙がまだ少ない幼児の場合は，あまりこだわらず，自分の中の「言葉」を思い起こして，次へとつなげていく面白さを楽しみたい。

b　なぞなぞ

　あることがらや意味について，そのものを表す言葉ではなく，それを隠して別の言葉を使って問いかけ，何を指しているのかを答える遊び。そのため，答える側は，出された言葉から連想するものをイメージすることの楽しさを味わう。また，子どもたち自身が出題することで，何かを別の言葉で相手に分かるように表現するといった，"目の前にない物事も言葉によって操作する"という高度な思考活動を楽しむことができるだろう。

演習課題

1. 一般によく知られている「子ども向けのお話」について，タイトルをリストアップし，それが，①伝承されたものなのか（昔話），②個人の創作なのか分類し，①の場合は世界のどの地域で伝承されたものか，②の場合は作者，及び海外の作品の場合は最初に発表された国名について，それぞれ調べてみよう。

2. 上記1で①伝承されたもの，として分類された作品について，現在出版されている書籍や絵本，または映像作品になったものなど，それぞれの媒体で，どのようにストーリーや設定が変更されているか，違いを調べ，なぜそのように変更されたのか考察してみよう。

3. ペープサート，パネルシアター，エプロンシアターなど，自分で製作した言語文化財を実際に子どもたちの前で実践してみよう。

引用・参考文献

大阪国際児童文学館編　日本児童文学大事典　大日本図書　1993
小沢俊夫　昔話入門　ぎょうせい　1997
清水勲　漫画の歴史　岩波書店　1991
鈴木孝夫　ことばと文化　岩波書店　1973
鳥越信編著　はじめて学ぶ日本児童文学史　ミネルヴァ書房　2001
原昌・片岡輝編著　児童文化　建帛社　2004
ポルトマン，A.，高木正孝訳　人間はどこまで動物か―新しい人間像のために―
　　　岩波書店　1961
松岡享子　たのしいお話―お話を子どもに―　日本エディタースクール出版部
　　　1994

5章　保育の中で育つ言葉 I

　本章では，2章で示された言葉の発達の様相を踏まえ，保育の中で子どもが保育者と関わりながら，どのように言葉を獲得していくのかを述べる。

　具体的には，0歳児から2歳児まで，それぞれの指導計画を示すとともに実践事例を挙げて，その中で言葉を育てるための援助のポイントを述べる。

1節　乳児期前半（おおむね6カ月未満児）の保育

1　乳児期前半（おおむね6カ月未満児）の指導計画

	乳児の姿	環境構成と援助のポイント
乳児期前半（おおむね6カ月未満児）	・おむつが汚れたり，お腹が空くと泣く［事例1］ ・3〜4カ月頃，首がすわり機嫌が良いと「3カ月天使の微笑み」がでる ・喃語「アー・ウー」を発する［事例2］ ・あやすと声を出して笑うようになる ・音のするほうに顔を向けたり，握ったりできるようになりガラガラなどのおもちゃを喜ぶ ・睡眠，ミルクを飲む，起きて遊ぶのリズムが整ってくる ・首がしっかりして，寝返りをうつ ・つり玩具を見たり，ガラガラを振ったり，おしゃぶりをなめて遊ぶ	・一人一人の生活リズムを把握し，無理なく新しい環境に慣れるようにする ・生理的欲求や精神的欲求を満たし安定して過ごせるようにする ・授乳はしっかり抱き顔を見つめながら，やさしく声をかけたり微笑みかけたりして安心感を与える ・泣く，笑うなどの表現を，あたたかく受け止め適切な対応をする ・目覚めている時は，やさしく声をかけたりあやしたり「おかおがバァ，おかおがバァ，まあ，かわいいおかお」とリズムをつけて楽しく歌う ・ゆったりとした気持ちで，できるだけ特定の保育者が関わりスキンシップを図る ・眠くなったらベッドに入れて，トントンやナデナデ，子守唄で入眠するようにする ・抱っこ，おんぶ，あやして十分スキンシップを図る

乳児期前半（おおむね6カ月未満児）	・言葉に興味を持ち，話している人の口もとをじっと見つめる ・特定の保育者を見て喜んで「アーウー・ウーウ」と喃語で話しかけたり体を使った遊びをする［事例3］	・1人で遊んでいる時は，自分の世界を育むよう見守るようにする ・声を出すことを喜ぶように，目と目を合わせて子どもの気持ちを受け止めながらやさしく語りかける ・触れたり，名前を呼んだりして，ゆっくりはっきり言葉をかける
	ねらい	内　容
	○個々の子どもの家庭生活を把握し，生理的欲求を十分にみたす ○安心して過ごせる環境のもとで聞く，見るなどの感覚が豊かになるようにする ○授乳や睡眠など生活のリズムを整える ○あやしたり話しかけたりしながら喃語を育む	○おむつが汚れたら，やさしく言葉をかけながらこまめに取り替えてきれいになった心地よさを感じるようにする ○喃語に答えながら保育者との関わりを楽しいものにする ○家庭との連携を密にしながら，授乳・睡眠のリズムがつき心地よく過ごす ○特定の保育士にあやしてもらったり触れ合い遊びをしてもらい発声や応答を楽しむ

2　泣き声は乳児の「言葉」

［事例1］どうして泣くの？　——おっぱいかな，おむつかな——

―― 2カ月 ―――

　まきちゃんは2カ月半ばで保育所に入所してきた。ベッドの中でスヤスヤと眠っていたまきちゃんが泣き出した。

保　育　者：「まきちゃん，おはよう，おっぱいかな？　おむつかな？」と言いながらおむつを見る。

保　育　者：「おしっこが出たのね。気持ちが悪かったね。さあ，きれいにしようね」「おしり，きれいきれいですよ」「あー，気持ちよくなった！　おりこうさんね」と言いながらおむつ替えを済ませた。

　気持ちよくなった後，手で首を支えるように抱っこをして視界を平面から立体に移し，オルゴールを見せながら「クルクルまわれ，クルクルまわれ」と口ずさみ，しばらく見せてから寝かせた。

〈保育者の考察〉

　生後2カ月から3カ月の乳児は1日の半分以上を眠って過ごすが，空腹やおむつがぬれたといった生理的な不快感が理由で泣くことが多い。

（おしっこがでてきもちわるいよ）

　まきちゃんが泣き出した時，保育者は，なぜ泣いたのか，その訴えを的確にとらえようといろいろ語りかけた。まきちゃんにはその言葉の意味は分からなくても，自分の不快さを取り除いてくれる人として保育者の声・目・表情・行為を感じ，覚えていってくれることを願いながら関わる。

　乳児の様々な泣き方を聞き分け，「おむつがぬれていて気持ちが悪かったのね」「お腹が空いたのね」とか「さびしくて泣いたのね」など乳児の要求をとらえ，言語化し，快い状態を作ってコミュニケーションを深めるようにしたい。あまり泣かない，おとなしい子には，人一倍あやしたり遊んだりして関わりを楽しく持ちたい。

3　笑顔で声のスキンシップ

［事例2］　ご機嫌でおはなしいっぱい

───3カ月───

　まきちゃんは，満腹感があり機嫌のよい時は自分の手に触れるものを引っぱったりモビールを目で追って「アーアー」「オーオー」と声を発していた。

保　育　者：「まきちゃん，ご機嫌ね」「赤い鳥さんユーラユーラ，アーアーね」と笑顔で声をかける。

まきちゃん：保育者にまなざしを向け，嬉しさを握りこぶしや，足先に表出してくれる。力を込めて腕を伸ばし，同時に足先にも力を込め，ばたつかせている。

保　育　者：「まきちゃんげんきですねー，アーアーっておはなしして
　　　　　　　ねー」と声を繰り返し話しかける。
まきちゃん：保育者の話しかけに集中し，嬉しそうに全身で応えてくれる。
保　育　者：「まきちゃん，うれしい，うれしい！」と，脇をコチョコチョ
　　　　　　　とくすぐるとますますご機嫌。

〈保育者の考察〉
　　まきちゃんはモビールが大好きなようである。ジーッと見て「アーアー」な

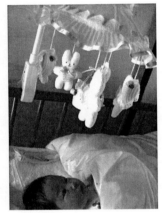

アーアー　オーオー
（うれしいなー）

ど喃語を発する。色のはっきりしたきれいなもの
を追視している。
　　このような時，特定の保育者が笑顔で喃語に対
して「アーアー」と"おうむ返し"をしたり，喃
語が分かっているかのように会話をする。これに，
まきちゃんは喃語や全身で答えている。まきちゃ
んと保育者の気持ちが1つになって，まきちゃん
は保育者を「嬉しい気持ちにしてくれる人」とし
て受け止めているようである。
　　このように，まきちゃんが嬉しい気持ちで言葉
を感じ，獲得してくれたらと考える。

4　特定の保育者と絆を深める遊び

　［事例3］「いないいないばぁー」

───　5カ月　───

　　まきちゃんは，「眠る・飲む・食べる・遊ぶ」の生活のリズムが整いつ
つある。園生活の中で，眠っている時間，ミルクを飲む時間，目覚めてい
る時間がはっきりしてきて，遊びは，見たり聞いたり触ったりすることを
楽しんでいる。
　　まきちゃんがベッドで目覚めて「アーアー，オーオー」と，声を出しな

がら機嫌よくおもちゃをながめて，一人遊びを楽しんでいる。しばらくその様子を見守ってから，

保　育　者：「アーアーだね，まーきちゃん」と，声をかけながら目を合わせ，次に「まーきちゃん，ばぁー」と両手を顔から離す。もう一度「まーきちゃん，ばぁー」と繰り返す。まきちゃんは楽しそうに手足をばたばたさせて笑う。「さー，まきちゃん，あそびましょ」と，まきちゃんを抱っこして腰を下ろす。両脇をしっかり支えてひざの上に立たせ，ピョンピョンと軽く上下に動かす。

まきちゃん：自分からピョンピョンして「キャッキャッ」と笑う。

保　育　者：畳の部屋のマットの上に寝かす。バスタオルで「いないいないばぁ！」をする。顔だけかくして「いないいないばぁ，いないいないばぁ」。全身が隠れるくらいバスタオルを広げてゆっくりと少しオーバーに「ばぁー！」と現れる。

まきちゃん：嬉しそうに表情をくずして手足をばたばたさせて笑う。

　声の高さ，間の取り方などを変えて楽しんだ。

〈保育者の考察〉

　まきちゃんは，3カ月頃からおむつを替えた時や機嫌よく目覚めている時「おかおがバァ，みえたよバァ，まーあ，かわいいおかお，まーあ，まきちゃんのおかお」と歌ってきた。「いないいないばぁ」はこの延長線上にあるような大好きな遊びであり，まきちゃんが大喜びをするから保育者も嬉しくなって楽しく遊ぶ。

　まきちゃんが安心して喃語を発したり体全体で嬉しさ楽しさを表してくれるよう特定の保育者が関わり心の絆を結び，まきちゃんと保育者とのや

（せんせいのかお　みーつけた）
キャッ　キャッ

さしく愛情豊かな相互の応答的な刺激のもとで言葉が育つようにしたい。

2節　乳児期後半（おおむね6カ月から1歳未満児）の保育

1　乳児期後半（おおむね6カ月から1歳未満児）の指導計画

	乳児の姿	環境構成と援助のポイント
乳児期後半（おおむね6カ月から1歳未満児）	・お座りをしたり，おなかを軸にして回転したり腹這いで前進したりする ・おむつ交換を嫌がり動き回る ・歯が少しずつ生えてきて唾液がよく出るようになる ・大人の動きの模倣が始まる ・「ねんね」「なんなんなー」などの言葉が分かる。 ・喃語がますます盛んになる ・自分の思い通りにならないと相手の顔をじっと見たり，顔を伏せたり，のけぞったりして表現する ・保育者の話を聞き，気が向けば保育者の指示を聞こうとするとともに，要求を態度で示す［事例1］ ・好きな保育者を独占したがる ・自分の名前に反応する ・指さしが盛んになり，自分の思いを伝えようとする［事例2］ ・自分の思いを動作や言葉で知らせたりすることがある［事例3］［事例4］ ・知的発達が加速し記憶力も発達し毎日使われている言葉を真似できるようになる	・一人一人の子どもの興味や関心などに応えられる環境を用意する ・「いないいないばぁ」や「かいぐりかいぐり……」など身体や手を使ってやり取り遊びをする ・一人一人の子どもの発育及び発達状態に合わせ，興味のある遊びをする ・指さしや喃語に対する思いを十分に受け止め，動作や気持ちと言葉が結びつくように対応し，ゆったりとした声や音でのやり取りを一緒に楽しみ自己表出を活発にする ・やわらかく，あたたかい表情で接して一つ一つの行動に対して丁寧に関わる ・声をかけたり，名前を呼んだりする時は，子どもの目を見て行うようにし，子どもの心の安定を促す ・食べ物の名前を伝えたり，「おいしいね」「もぐもぐ」など言葉をかけながら楽しく和やかな雰囲気の中で食べられるようにする ・子どもの目を見て呼びかける ・保育者が行う手遊びに興味を示し，模倣しようとしたり，笑ったり，声を出したりすることが見られたら，いろいろな手遊びや触れ合い遊びを一緒に行っていきながら，指や体の動きにつなげたり，楽しい，嬉しいと感じられる経験を重ねる ・どんどん話しかけコミュニケーションを図り，子どものおしゃべりにも面倒がらず，やさしく答えてあげる ・保護者との信頼関係を築けるように，子どもの姿等を知らせ，保護者からの相談にも応じられるようにする

	ねらい	内　　容
乳児期後半	○散歩や戸外遊びを通して，自然に関心を持ち，探索活動を楽しむ ○指さしや難語などで，自分の思いを伝えようとする気持ちに言葉を添えて応じ，自己表現の喜びを膨らませていく ○やさしい言葉と笑顔で関わりながら情緒の安定を図り，いろいろな遊びに誘ったり，言葉がけでイメージを広げて遊び，信頼関係を築いていく ○散歩や戸外遊びを通して，自然に関心を持ち，探索活動を楽しむ	○保育者との触れ合いによって欲求が満たされ安定感をもって過ごす ○泣く，笑う，難語を発するなどで自分の欲求を表現し，受け止めてもらい保育者とのやり取りを楽しむ ○生活の中で応答的な大人との関わりにより指さし，身振り，片言等を使って，自分の気持ちを伝えようとし身近な人の存在に気づき親しみの気持ちを表す ○保育者の語りかけ等で言葉の理解や発語につながる

2　意味を持った言葉の学習

［事例1］「だって，食べたくないもん」

――10カ月――

　たかちゃんは指さしが多い。知らない人はじーっと見たり，少し警戒する態度を示す。

　給食の時間，たかちゃんがあまり好まない給食だったが，食べる前は早くほしいようで手を伸ばして食べようとしていた。いただきますのあいさつをすると，一口自分で口に入れ味わってみるが，「…………」。口から出し，いやそうな顔をする。

保　育　者：「たかちゃん，おいしいよー」と，おいしそうに食べる真似をしてみせる。

たかちゃん：食べようとしなかった。

保　育　者：「たかちゃん食べないの？」「もうごちそうさまするの？」

たかちゃん："うん"と言っているように大きくうなずいた。

保　育　者：「もうおしまいにするの？」

たかちゃん："うん"とうなずいた。

保　育　者：「うん，分かったよ。あとちょっとだけ食べたらおしまいにしようか？」

> たかちゃん：じっと動かず無反応になった。

〈保育者の考察〉

　10カ月の乳児は模倣と同時に言葉の理解も発達してくる。日頃繰り返し行われるような経験を手がかりにして言葉が意味を持つものとして分化し始める。保育者との関わりの中で自分の意思を短い言葉やしぐさで表している。関わりを多くすることで語彙数を増していく。

（これ，たべたけど　きらい！）
おいしいよー

ちょっとだけ食べてみようよ
（だから　きらいだって　いってるでしょ）

3　有意味語の使い始め

［事例2］「あれであそびたいなー」

> ──10カ月──
>
> 　いつもの保育室とはちがう部屋で遊んでいて，キッズランドという遊具によじ登って遊んでいた。何度かこの部屋に遊びに来たことがあるので，けいちゃんは，どこに何のおもちゃがあるのか分かっているようで，指さしを行い，保育者に何かを要求しているしぐさを見せている。
>
> けいちゃん：「アンパン……，パンパン」と棚の上を指さす。アンパンマンと言っているのかな？　けいちゃんアンパンマンがだいすきだから。
>
> 保　育　者：「けいちゃん，アンパンマン？」

けいちゃん：「アンパン……，パンパン」と言いながらうなずく。

保　育　者：「けいちゃん，アンパンマンのカード出してほしいんだね」

　その後，カードを出して遊べるようにすると，喜んで「パンパン」と声を出しながらアンパンマンカードを持って遊んでいた。

〈保育者の考察〉

　10カ月の乳児は保育者に向かって意思表示し始める。生活の中で，経験してきたことを覚えていて，保育者に要望してくる。けいちゃんはまだ言葉では伝えられないが，保育者との関わりが深まり，指さしを行うようになり，自分の意思を伝えるようになった。保育者もいつも一緒に生活しているために指さしのみで，けいちゃんの言っていることが分かり，けいちゃんの満足を得ることができた。一人一人の様々な欲求や甘えたい気持ちを十分に満たすことが安心して過ごすことへとつながり，言葉で返していくことが子どもの発語につながっていくと考える。

アンパン・パンパン（とってほしいな）

4　言葉の機能の形成へ

［事例3］「ぼくのだよ」

── こうきくん（11カ月）　あきらくん（11カ月）──

　こうきくんは最近歩きだし，いろいろな物に興味があり，表情も豊かになってきた。言葉はあまり出ないが保育者の言葉がけに，じーっと聞き入っている。ボールを出して遊んでいた。

　こうきくんはこのボールが気に入っていて，保育者がこのボールを出すたびにボールを見つけてはやってきて，ボールを手にし，感触を確かめた

り顔をくっつけて遊び，にこにこご機嫌な様子で保育者と目が合うとさらにボールをギュッと持ち笑顔である。

　そこにあきらくんが同じボールに興味を示し，ハイハイで近寄って来て，こうきくんが持っているボールを触ろうとする。

あきらくん：ぼくもあそぼーっ，と近寄ってきた。

こうきくん：「…………」取らないでというようにボールを握ってあきらくんの顔を見つめている。こうきくんと，あきらくんでボールを引っ張り合いだした。

こうきくん：「あーー！」と怒った顔つきで思いっきりボールを自分のほうにひっぱった。

あきらくん：手をボールから放してあきらめた。

こうきくん：ボールが自分の物になり，満足しておだやかな顔になる

保　育　者：「あきらくんもボールであそびたかったね」「こうきくん，あきらくんもボールであそびたかったんだって」

　他の場所にあったボールをあきらくんに持ってきて渡したが，興味がない様子で他のおもちゃで遊び始めた。

〈保育者の考察〉

　自分の思い通りにならないと声や表情で表現し，自分の思いを通そうとする。

（ぼくも　あそぼうっと）
アーッ‼

また，指さしや喃語に込められた思いを十分に受け止め，満足できるように対応し自己表出を活発にしていく。

　この事例では，他の園児が持っている物が欲しいという様子が見られる。

　気に入った玩具を見つけることが多くなり，それと同時に取り合いも多くなる。それぞれの気持ちを理解するとともに，2人の育ちの状況を考えて，玩具の取り

合いを見守り，2人の気持ちを代弁し，伝えていく。取り合いを人との関わりの一歩ととらえ，言葉を多くかけることで発語を促すことも考える。

5　大人との言葉のやり取りを楽しむ

［事例4］「ねえねえ　こっちむいて」

――　11カ月　――

　5人兄弟で末っ子のあきらくんは，入園間もない登園時，母親と別れる際大泣きし，一日中ぐずっていた。おやつ，給食の時間だけは泣きやみ，よく食べる子である。

　入園後2週間ほどで園に慣れてきて，そばにあるおもちゃに手を伸ばし，振って遊んだり，ハイハイで移動し少しずつ動きまわるようになってきた。一日のうちで泣いている時間も少なくなり，笑顔も見られるようになってきた。午睡後，ご機嫌な様子で布団の上に座っている。

あきらくん：「あーあー」と保育者のほうを見ている。

保　育　者：「あきらくん　おはよー」

あきらくん：「うーうー」と引き続き保育者のほうを見ている。

保　育　者：「あきらくん　どうしたの？」

あきらくん：「あーあーあ」

保　育　者：お腹がすいているわけでもないし，便が出ているわけでもないし，あきらくんは，何を訴えたいのかな？　分かってあげたいな。

あきらくん：にこっと笑って「あ，あ，あ，」

保　育　者：「あ，あ，あ，」

あきらくん：「う，う，う，」楽しそうな様子。保育者の言葉に合わせてテンポよく声を出している。

保　育　者：「たのしいね」楽しそうなあきらくんの表情を見て声をかけた。

〈保育者の考察〉

　保育者は昼寝から起きたあきらくんに，日常生活における言語習慣（あいさつ）の習得につながるよう生活の中で言葉をかけている。日頃の直接経験を通して，言葉を学び知識を身に付けていくようになる。

　いつもはあまり言葉が出ないあきらくんが喃語を発していたので，同じように言葉を発してみる。同じようなリズムで，言葉を返してくれて，嬉しくなった。機嫌よく喃語を発する子どもに愛着を覚え，あきらくんと同じように声を出して相手をしてやると，喃語はさらに促されて活発になる。あきらくんにとって良い刺激となった。

アーアー
（こっち　むいて）

ウ．ウ．ウ．
（もっと　おはなし　しようよ）

3節　おおむね1歳児の保育

1　おおむね1歳児の指導計画

おおむね1歳児	乳児の姿	環境構成と援助のポイント
	・歩行の安定と言葉の習得が活発になり，伝えたいという欲求が高まる	・分かりやすく話しかけたり，子どもの伝えたい気持ちに共感したりしながら，簡単な言葉のやり取りを楽しめるようにする

おおむね1歳児	・指さし，身振り，片言などで思いを伝えたい欲求が次第に高まり，思いを言葉で伝える［事例2］ ・周囲への関心や大人との関わりで情緒的な絆が深まる［事例3］ ・保育者と一緒に体を動かしたり，ごっこ遊びをする楽しさを味わう［事例5］ ・物の名前を知り言葉で伝える	・子どもの気持ちに共感し，言葉や身振りにやさしく応答する ・保育者との触れ合いを大切にし，信頼関係を築いていく。また体を動かす心地よさが味わえるよう一緒に体を動かしたり，一人一人の様子を見守り，ほめたり声をかけたりして認めていく ・おしゃべりを楽しむ子には話し相手になってもらった喜びが感じられるように1対1でゆったりと子どもの気持ちに寄り添い，共感しながら子ども自身に伝わった喜びを体験し満足感を味わえるようにしていく ・自分の気持ちを安心して表すことができるよう，伝えたい気持ちを言葉に置き換えていく ・絵本などをゆっくりした口調で読み，絵本から出てくる言葉を一緒に楽しめるようにする ・物語の内容が子どもに分かりやすい絵本や紙芝居を用意する。また，繰り返し楽しみながら言葉を育んでいく ・子どもの興味や動きを把握しながら，危険のないよう環境を整え，十分に探索活動ができるようにしながら，見たり触れたりすることを通して言葉のやり取りを一緒に楽しんでいく
	ねらい	
	○保育者と関わる中で，少しずつ言葉を覚え，要求や自分の気持ちを簡単な言葉で伝えようとする［事例4］ ○甘えや欲求を満たしてもらいながら動作や言葉で自己主張をする［事例1］ ○簡単な言葉による指示が分かり，自分から行動しようとする ○生活や遊びの中で言葉での簡単なやり取りができる	
	内　　容	
	○簡単な言葉のやり取りをしたり，動作を真似たりして遊ぶ［事例6］ ○友達と一緒に見立て遊び，つもり遊びや繰り返し言葉の模倣を楽しむ	

2　自分でできるよ

［事例1］「あーんして」

―――― 1歳6カ月 ――――

　かなちゃんはまだあまり言葉が出ておらず，他児に自分の思いが伝わらなくて，かみついたりすることが多い。かなちゃんは食欲旺盛であるが日頃から給食時は手づかみで食べている。この日も肉だんごを手づかみで食

べていた。

保　育　者：「かなちゃんおいしいね。たくさん食べてるね。えらいね。今度はスプーンで食べてみようか？」と言いながら1口分の量をスプーンにのせて手渡してみた。

保　育　者：「どうぞ」。かなちゃんは今まで手づかみで食べていたのに，肉だんごがのったスプーンを持ったので，

保　育　者：「かなちゃん　あーん」と保育者も大きな口を開けてみせた。かなちゃんは保育者の口を真似して，あーんとして食べた。

保　育　者：「もぐもぐして食べてね。1人で食べられてえらいねー」。かなちゃんは気をよくしたのか，食べ終わったスプーンを保育者に手渡す。その後，何度もスプーンに肉だんごをのせてかなちゃんに渡すとスプーンで食べた。保育者が食べさせようとすると，

かなちゃん：「うーー」，と嫌がるのでまたスプーンにのせると，嬉しそうに食べた。

〈保育者の考察〉

　1歳6カ月のかなちゃんは，自分の思いをなかなか言葉で表せないが，自己主張が強い子どもである。食欲旺盛で，食に対する興味は高く，スプーンで食べることができたこととほめられたことが嬉しかったようで，繰り返しスプーンにのせてと無言の要求をしてきた。この無言の要求を，保育者が代弁するということが大切で，このことで言葉の発語を促すと考える。また保育者が「あーん」と大きな口を開けたことも，かなちゃんが真似をし，食事の仕方の理解につながっている。

かなちゃん，あーん
（スプーンで　たべられるよ）

3　1つの言葉でお話し

［事例2］「マンマ」

――　1歳3カ月　――

　けいくんは椅子に座って「マンマ」「マンマ」と言っている。先ほどから保育者が「おやつですよー，マンマですよ」と声をかけながら準備をしている。手を泡石けんで洗う時も「おやつですよ，おててきれいきれいにしようね」と，言いながら洗う。「マンマ」「そう，マンマ，おやつにしようね」。保育者がカステラ菓子とヨーグルトを入れたお皿をけいくんの前に置くと「マンマ」とお皿に手を伸ばす。手をぱっちんと合わせて「いただきます」をして1つ食べる。けいくんは，もう1つお菓子をつまみ「マンマ」と言う。「マンマおいしいね，もっと食べようね」と保育者は答える。

〈保育者の考察〉

　けいくんは，しきりに「マンマ」と一語で話をしている。

　保育者が準備をしている時の「マンマ」は"おやつ，おやつ，早くおやつを食べたいな"，手を拭く時は"おやつだから手をきれいに洗うんだ"，おやつのお皿を置くと"おいしそうなおやつ！　食べよっと"，1つ食べて"お菓子おいしいよ"，再度の「マンマ」は"もっと食べるよ"など，けいくんが発する「マンマ」は，それぞれの場面で表現していること，伝えたい内容が異なっていると考えられる。それらに保育者は状況や思いを受け止めながら，けいくんの「マンマ」を繰り返し，一言二言つけ加えて会話をしている。保育者は，けいくんの様々な気持ちを受け止め，二語文・三語文で応答し言語表現を豊かにしたいと考えている。

マンマ，マンマ
（おいしそうな　おやつ　たべよっと）

4　せんせいとあそぶのたのしいな

［事例3］「いないいないばぁー」

――　1歳7カ月　――――――――――

　ゆうくんは，物事に慎重で，初めて会う人には警戒心を持つ。園生活で
いろいろな人と接することで，人に対する警戒心は薄くなった。表情も明
るくなり，言葉も出てきた。保育室で遊んでいる時，次はなにして遊ぼう
かなと考えている様子だった。

保　育　者：「ゆうくん，いないいないばぁー」

ゆ う く ん：喜ぶ

保　育　者：「ゆうくん，いないいないばぁー」

ゆ う く ん：喜ぶ

　しばらく続いた。その後，ゆうくんもいないいないばぁーと真似をして
いた。

〈保育者の考察〉

　ゆうくんが保育者との関わりを通して，楽しいということを感じ，遊びを繰
り返しながら，保育者の笑顔に触れ，保育者の言葉を心地よく受け取りながら
遊ぶことで，言葉を発することへとつなげていくようにする。

ゆうくん，いないいないばぁー
（ゆうくん　いないいないばぁー）

いないいないばぁー
（おもしろいなー）

5　言葉でまねっこ

［事例4］　「おいしーい　お野菜あつまれー」

―――　1歳8カ月　―――

　　かなちゃんは足もしっかりして，階段の上り下りを楽しんだり，人に対しても笑顔で接するようになってきた。友達の行動に関心も高くなっている。給食もよく食べ，自分で食べおかわりをするほどである。

保　育　者：ご飯を1口食べて「おいしーい！」

かなちゃん：ご飯を1口食べて「おいしー！」と嬉しそうに真似をする。
　　　　　　　大皿に野菜が少し残っていたので，

保　育　者：「かなちゃんのお野菜あつまれー」と集めて，スプーンですくい，かなちゃんの口に入れると，

かなちゃん：次は皿を持って，やってほしいと黙ってアピールする。

保　育　者：「かなちゃん，『あつまれやって』って言ってごらん」

かなちゃん：「……やって！」

　　何度か繰り返し，やり取りを楽しみながら全部食べることができた。

〈保育者の考察〉

　保育者がかなちゃんの目の前で表情豊かに食事をすることで，おいしいという言葉を表情とともに理解し，言葉の模倣を促しながら，人との関わりを通して言葉を確立していく。

お野菜あつまれー，ってやっては？
……ヤッテ！

おいしーい！
オイシー！

138

6　皆で遊ぶとたのしいな

［事例5］「おみせやさんごっこ」

───　あやちゃん（1歳9カ月）　ゆかちゃん（1歳8カ月）　───

　あやちゃんは保育者との関わりで笑顔を見せることがあり，自分から好きな遊びをすることもあるが，友達が遊んでいるのを見て自分も遊びに行こうとする姿も見られる。ゆかちゃんは自分の思いを言葉で伝えたり，話しかけたりする。あやちゃんは自分のものと友達のものが分かり，落ちているものを保育者に届けてくれたりするが，やりたい思いが先行してしまい，よく玩具の取り合いでトラブルになることがある。あやちゃんは保育室の引き出しの中からままごと用のかばんを出している。

保 育 者 1：「あやちゃんはどのかばんがいいかな？　アンパンマン？
　　　　　　　ばいきんまん？」

あやちゃん：「これ」とばいきんまんのかばんをかける。

　そこへあやちゃんと保育者のやり取りを見ていた，ゆかちゃんがやってきた。

ゆかちゃん：「これ」

それぞれが好きなかばんをかけて歩いていた。

保 育 者 2：「いらっしゃい，いらっしゃい，おみせやさんだよ，おいしいハンバーガーやバナナもあるよー」

保 育 者 1：「あっ，あそこにお店屋さんがあるって，行ってみようか？」

あやちゃん：「うん」

ゆかちゃん：「おみせやさん？」

保 育 者 2：「いらっしゃいませ，サンドイッチはいかが？　おいしいよ，むしゃむしゃ。あー，おいしい，あやちゃんもゆかちゃんも1ついかが？」

　2人は保育者の真似をして，むしゃむしゃと食べる真似をした。

保 育 者 1：「次はすいかをどうぞ」

　何回か繰り返し遊んだ。

> ゆかちゃん：「ちょうだい」
>
> 保育者 2：「はい，どうぞ。まいどありがとうございます」
>
> あやちゃん：「ちょうだい！」
>
> 　2人はもらったものをそれぞれのかばんの中に入れ，歩きまわった。

〈保育者の考察〉

　1歳8カ月，1歳9カ月の子どもたちは友達の遊びに関心を持ち，一緒の遊びを行いたくなる。言葉も内容を理解して返事をしたり，保育者の真似を友達と一緒にしながら，遊びを楽しんでいる。まだ一語文が多いが，保育者は今後二語文を発するように言葉がけを工夫したお店屋さんごっこへと導く。子どもたちは，いろいろな品物をイメージしながら遊ぶことを楽しみ，周囲への関心や大人との関わり，情緒的な絆が深まった。

いらっしゃい　いらっしゃい
チョウダイ！

いらっしゃい，つぎはすいかを　どうぞ
（いっぱいだから　いこうっと）

7　まねっこあそび，大好き

　［事例6］「はい　どうぞ」

—— 1歳10カ月 ——

　保育者が子どもたちに食べ物の本を読んでいると，たかしくんが皆が集まっているのを見て興味を持った様子で保育者のそばにきたので，たかしくんに声をかけた。

保 育 者：「これ，なんだ？」

たかしくん：「バナナ」

保 育 者：「そうだね，当たりー。これは？」

たかしくん：「………」

保 育 者：「これはぶどうだよ」などと言葉のやり取りをしているとだ
　　　　　　まって話を聞いていた。

保 育 者：「せんせい，いちご食べよっと。もぐもぐ，あーおいしい」。
　　　　　　「たかしくんもどうぞ。ゆうくんもどうぞ」と，そばにい
　　　　　　る子どもに果物を渡すと，たかしくんも果物を受け取る真
　　　　　　似をし，口を開けてもぐもぐと食べる真似をした。

保 育 者：「おいしい？」と聞くと，

たかしくん：うなずき，今度は自分で絵本の果物を取り，保育者の口に
　　　　　　入れてくれた。保育者が口を開け，もぐもぐと食べる真似
　　　　　　をした。

保 育 者：「わぁー，おいしかった。ありがとう」と言うと，嬉しそう
　　　　　　に笑って，また別の遊びを始めた。

〈保育者の考察〉

　たかしくんは保育者の行動に関心を持ち，何かしていると必ず見にくる。そ

たかしくんも　どうぞ。おいしい？
モグモグ

のチャンスに遊びに誘い入れ，模倣，
ごっこ遊び，表現などを子どもたちに知
らせながら言葉がけをし，子どもの言葉
を引き出している。物の名前を聞きなが
ら，言えた時に「当たりー」ということ
で，たかしくんと保育者の関わりが深
まっている。

4節　おおむね2歳児の保育

1　おおむね2歳児の指導計画

<table>
<tr><th colspan="2">乳児の姿</th><th>環境構成と援助のポイント</th></tr>
<tr><td rowspan="6">お
お
む
ね
2
歳
児</td><td>・言葉で自分の気持ちを十分相手に伝えられないため，泣いたり，他の子に乱暴したりなど（かみつき，ひっかき，だめ！などの言葉）で表すことがある
・自分の思い通りにならないと，すぐに気持ちの整理ができず，あきらめるまで時間がかかる。しかし，人との関わりの中で気持ちの折り合いをつけていくことができる［事例2］
・日常生活の中で「いや！」「自分で！」という言葉をよく使うようになる
・友達と一緒にごっこ遊びを楽しみ，模倣をしながら，いろいろな言葉が増える
・言葉の数が増え，自分の言いたいことを一生懸命伝えようとする姿が見られる</td><td>・気にいった絵本を繰り返し読みながら話の楽しさが感じられるようにし，取りやすいところに絵本を用意する
・子どもからの話しかけに応答し，子どもの考えや発想を認めていることを，子どもたちに分かるように表す
・保育者は子どもたちにとって，身近な言葉のお手本であるとともに，また子どもたちの良き理解者であるようにする
・「おはよう」などあいさつを皆でかわしたりして，あいさつについて知らせたりする
・生活の中に意識的に歌を取り入れていくよう心がける
・保育者が仲立ちとなり，思いを聞きながら言葉のやり取りにつながるようにする</td></tr>
<tr><td style="text-align:center">ねらい</td><td style="text-align:center">内　　容</td></tr>
<tr><td>○保育者と触れ合い言葉を通して気持ちを通わせる［事例1］
○保育者を仲立ちとして，言葉のやり取りを行おうとする［事例3］
○経験したり，興味のあることを保育者や友達と一緒に表現したり言葉のやり取りをして，楽しむ
○絵本や童話などを見たり聞いたりして言葉に親しむ</td><td>○絵本や紙芝居を読んでもらったり見たりする
○友達と一緒に見立て遊び・つもり遊びや繰り返し言葉の模倣を楽しむ
○保育者や友達と一緒に絵本の内容を理解して，まねっこをして言葉遊びを楽しむ
○あいさつをしたり，「やって」「ちょうだい」など簡単な要求や，してほしいことなどを言葉で伝える
○友達と一緒に遊ぶ中で「かして」「いいよ」「ありがとう」などの気持ちを言葉で伝えようとする</td></tr>
</table>

2　言葉でつながる

［事例1］「いっしょだねー」

──────たかきくん（2歳1カ月）　ののちゃん（2歳2カ月）──────

　　午後のおやつを食べ終え，好きな遊びを楽しんでいる時，保育者と一緒にたかきくんが絵本を見ていた。すると，ののちゃんがのぞきこんできた。

　たかきくん：「これがいいな」とハンバーグを指さして言う。

　ののちゃん：「ののちゃんも……」

　たかきくん：「だめ！たかきの！」

　保　育　者：「たかきくんとののちゃんいっしょだね」

　たかきくん：「ちがう！たかきの！」

　保　育　者：「2人がいっしょだねー」

　ののちゃん：にこっとして「いっしょだね」

　たかきくん：にこっとする

　　そのあと，たかきくんと，ののちゃんが好きなものを指さして「いっしょだね」「これがいい，いっしょだね」と言っていると，周りの子たちも食べ物を指さし，指をさしたものが一緒になると「いっしょだねー」と皆で盛り上がった。

〈保育者の考察〉

　　2歳になり，いろいろな物に興味がある。なんでも自分の物にしたいという

コレガ　イイナー
タカキモー！

イッショダネー
コレガイイー　イッショダネ

自己主張が強くなり，他児が持っているものが欲しくなる。しかし，保育者の「いっしょだね」の一言で，子どもの気持ちが一変し「いっしょ」という言葉を楽しんでいる。友達と一緒にいるということも楽しくなったのではないか。

3　気持ちのきりかえはできたかな？

［事例2］「まちがえちゃった」

―― 2歳2カ月 ――

　　給食を食べようと手洗いをすませた時，テーブルにはすでに手拭きタオルがセットされており，まなちゃんの場所も決まっていた。でも，まなちゃんは別の席に座ろうとしていた。

保　育　者：「あれ？　まなちゃんこっちじゃないの？」と声をかけた。

まなちゃん：そのまま立ちつくす。

保　育　者：「さあ座ってご飯食べようか，お腹がすいたね」。しかし立ちつくしたままである。

保　育　者：「先生もお腹すいたから一緒に食べよう，まなちゃんも座ろう」と椅子に座るように促すと黙ったまま座ったので，保育者がスプーンでおかずをすくって，

保　育　者：「一緒にこれ食べよう」「これすき？」などと声をかけながら口元に持っていくが，まなちゃんは口をかたく結んだりそっぽを向いたり……。スプーンを持たせようとするが手を放してしまうので，まなちゃんの気持ちが変わるのを待つことにした。動かない，話さない，答えない状況が続いた。時々スプーンにのせて口元に持っていくが，相変わらず口は閉じたまま。繰り返しているうちに，まなちゃんがちょっとスプーンのおかずをなめた。

保　育　者：「まなちゃんの口にちょっとついたね」。また口につけるとまなちゃんがまたなめた。

保　育　者：「ひとくち食べて」と口に近づけるとなめる。が，口はあか

ず………。しばらくしてまなちゃんは自分でスプーンを持って食べ始めた。

ちょっと食べてみてごらん。おいしいよ。
（たべなーい　だって　ちがうところで
たべたいもん）

（たべようっと　おなかすいたし）

〈保育者の考察〉

　2歳児で自分の意思を伝えられるまなちゃんは，なにか気に入らないことがあったのだが，そのことを保育者に伝えることができないでいる。保育者はあきらめず，繰り返し声をかけ，まなちゃんの気持ちに寄り添いながら，気持ちをほぐしている。このように保育者に関わってもらいながら，保育者を信頼するようになり，安心して過ごし，会話へとつながるようになる。

4　ルールとしての言葉

［事例3］「いれて」

―― あゆみちゃん（2歳8カ月）　ゆあちゃん（2歳5カ月）――

　2歳児のあゆみちゃんがままごとコーナーにいた。あゆみちゃんは，テーブルの上でお皿にプラスチック製のハンバーガーや野菜を入れて保育者に持ってきた。

保　育　者：「いただきます」と言って食べる真似をして，「ああ，おいしかった，こんどはジュースがのみたいな」とやり取りをしていた。そこへゆあちゃんがやってきてテーブルの前に

座ってお皿のハンバーガーとフォークを持った。するとあゆみちゃんが，ゆあちゃんをドンと押した。

ゆあちゃん：「わーん」。泣きながらフォークを投げて保育者のところへかけよった。

保　育　者：「びっくりしたね，ゆあちゃんもままごとしたかったの？」と，ゆあちゃんの思いを受け止めながら言うと，ゆあちゃんが，うん，とうなずく。

保　育　者：「じゃあ，先生と一緒に行ってみようか」，ゆあちゃんと手をつないだまま「こんにちは」と言って座る。「ゆあちゃん，スパゲティ食べたい？」。うなずくので，「あゆみちゃん，ゆあちゃんもスパゲティ食べたいんだって，ごちそうしてください」

あゆみちゃん：「はーい」といそいそと持ってきた。ゆあちゃんもおいしそうに食べる真似をした。

〈保育者の考察〉

　ゆあちゃんは，あゆみちゃんと保育者の楽しそうなごっこ遊びに入りたくなった。その中へ突然入ってトラブルになった。ゆあちゃんは悪気があったわけではないので，押されて驚いてしまった。あゆみちゃんは，ゆあちゃんが入ってくるのが嫌だったのかもしれない。2歳児はよく「だめー」と言うことがある。

　保育者は，ゆあちゃんの気持ちを理解しながら遊びへ入っていくモデルを示すようにした。そして，あゆみちゃんも保育者とゆあちゃんが仲間になって楽しい気分を味わえるようにした。

（わたしもあそびたいのに！）
（わたしと　せんせいと　いっしょにあそんでるのに！）

5節　指導計画月案の例

1　0歳児の指導計画月案（6月）

		行事	
子どもの姿	特定の保育者を追う姿が見られる。 自分の好きな玩具を見つけ，少しずつ環境に慣れ，自我が出始めている。	行事	1日避難訓練（火） 7日保育参観 　　個人懇談 15日避難訓練（地） 22日内科健診 28日身体測定 30日誕生会
ねらい	◎一人一人の体調に留意しながら機嫌よく快適に過ごすことができるようにする。 ◎保育者との安定した関わりの中で，興味のある物に触れたり，身体を動かして遊ぶことを楽しむ。 ☆安定した生活リズムの中で機嫌よく食事ができるようにする。		
環境の構成	・玩具を口の中に入れたりすることが多くなるので，こまめに消毒をする。 ・食事の時に食べ物をスプーンにのせて自分でスプーンを持って食べやすいようにするなど，個々の様子にあわせて行うようにする。 ・一人一人の様子を把握し，不安そうな時は声をかけたり，抱っこしたりして，スキンシップを図り，安心できるようにする。 ・行動範囲の広がりに応じて，危険のないように見守り，声をかけ，探索活動が十分行えるようにする。		
養護・遊びの内容	養護……室内の温度に配慮し心地よく過ごせるようにし，信頼できる保育者との触れ合いの中で満足して生活できるようにする。 食事……手づかみや，スプーンを持って自分で食べようとする。 排泄……嫌がらずに，おむつを替えてもらう。 着脱……保育者の声に反応し，手足を動かし，嫌がらずに衣服を替えてもらう。 午睡……おんぶや，そばについてもらうことで安心して眠る。 遊び……歌や曲にあわせ，身体をゆすったり，保育者のしぐさを真似たりする。保育者との触れ合い遊びを楽しむ。 　　　　歌……「かえるのうた」「かたつむり」 　　　　手遊び……「アンパンマン」 　　　　触れ合い遊び……「たまごがぱか」		
保育士の援助及び配慮事項	・一人一人の様子を見ながら，スプーンを持たせたりし，「自分で」という気持ちが持てるようにする。 ・おむつ交換の時，「きれいになって，気持ちよくなったね」など，心地よさが感じられるような言葉がけをする。 ・寝つく時にとんとんしたり，目覚めた時にやさしい言葉をかけたりして，安心感が持てるようにする。 ・行動範囲が広がってくるので，誤飲や怪我のないように気をつけるなど，安全面に十分配慮しながら遊びが楽しめるようにする。		
評価及び反省	・6月より，3名の新入園児が入園した。新しい環境で不安がったり，睡眠時間が短かったり，ちょっとした物音で起きたりしていたが，日を追うごとに慣れてきている。 ・それぞれの生活リズムにあわせて過ごすことができるよう，職員間で連携をとるようにする。 ・一人一人が十分に物と関われる遊びの環境作りをもっと工夫していくようにする。	家庭との連携	・気温の変化に応じて調節しやすい衣服を用意してもらうよう連絡する。 ・園だより・献立表・クラスだよりを配布する。

2　0歳児の個別指導計画（6月）

月齢　11カ月		名前　たなか　かず
子どもの姿	内容	援助及び配慮事項
・食事の際，初めて口にしたり初めて見たりする食べ物は，食べさせようとしても口を閉じてしまう。 ・自分の手が汚れると保育者に見せに来る。 ・午睡の際，睡眠が浅くすぐに起きてしまう。 ・つかまり立ちから，1～3歩歩き始める。徐々に歩行が安定し，歩くことを楽しんでいる。 ・自分の思いや要求を指さしや身振りで伝えようとする。	・いろいろな食材や味付けの物を食べてみようとする。 ・手や体を拭いてもらい，きれいになった気持ちよさを感じる。 ・一定時間ぐっすり眠る。 ・歩くことを楽しむ。 ・探索活動を楽しむ。	・初めての物は食べようとしないので様子を見ながら「これはにんじんだよ」と言葉をかけながら，いろいろな味，触感を味わえるようにする。 ・「手が汚れちゃったね。拭こうね」と声をかけ，やさしく拭いて汚れを落とす。 ・日中たくさん動くような遊びを取り入れ，ぐっすりと眠れるようにする。 ・あらかじめ平たんな場所を選んで歩くようにし，保育者が前に立ち手を広げて待ち，安心させる。また，歩ける嬉しさを共感する。 ・本児が歩いている時に目が合う位置にいて見ていることが伝わるようにし，安心して探索を楽しめるようにする。
6月評価及び反省	6月より4名新入園児が入園した。 新入園児が保育者に抱かれているのを見て，抱っこを求める姿が見られた。本児の気持ちを受け止めた関わりを行うと落ち着いた。 今後も本児の気持ちを十分に受け止めていくようにする。 午前中の遊びを動きのあるものにしたため，昼寝は，よく寝るようになった。 歩行が安定し，嬉しそうな表情を見せる。 今後も歩くことを十分に楽しむことができるように，場所や時間を確保していきたい。 触れ合い遊び，手遊びが好きなので，一緒に遊び楽しさを共有する中で信頼関係を深めていき，本児の育ちにつなげていきたい。 泣いている子を指さしたり，顔を覗き込んだり友達のことが気になっている様子が見られるので，本児の気持ちを言葉にしながら，一緒に楽しい時間が持てるようにした。	

3 1歳児の指導計画月案（4月）

子どもの姿	新しい環境に戸惑いを見せ，不安定で泣くことが多いが，少しずつ慣れていく姿がある。また，保育者のそばで一人遊びを楽しんでいる。 食事では食べず嫌いや好き嫌いがあるが，少しずつ食べようとする。	行事
ねらい	◎ゆったりとした雰囲気の中で，新しい環境に慣れ，安心して過ごせるようにする。 ◎保育者に見守られ，好きな遊びをする。 ☆安心できる雰囲気の中で，心地よく食事ができるようにする。	1日入園式 保育はじめ 11日避難訓練（火） 18日避難訓練（地） 28日身体測定 30日誕生会

環境の構成	・安心して過ごせる環境や，ゆったりとした生活リズムを作る。 ・好きな玩具を用意し一人一人が十分に楽しめるようにする。 ・室内を清潔に保ち，気持ちよく生活できるようにする。
養護・遊びの内容	養護……一人一人の生活のリズムを大切にし，欲求や甘えなどの依存を十分満たし，安心して園生活が送れるようにする。 食事……あたたかい雰囲気の中で，食べたことがない味のものも少しずつ食べようとする。 排泄……おむつを替えてもらい，気持ちよさを感じられるようにする。 着脱……保育者に援助して衣服の着脱をしてもらい，自分でも着脱の時に手足を一緒に動かす。 午睡……保育者と触れ合いながら，集団での昼寝に慣れていき，安心して眠る。 遊び……戸外遊びや，一人遊びを十分に楽しむ。歌や手遊びを保育者と一緒に楽しむ。 　　　　歌……「ちゅうりっぷ」「ちょうちょ」 　　　　手遊び……「ひげじいさん」「アンパンマン」「あたまかたひざぽん」 　　　　園外保育に行く　　　ウレタンブロックで遊ぶ
保育士の援助及び配慮事項	・一人一人の発達の特徴を把握して，丁寧に対応し，新しい生活に慣れるようにする。 ・子どもの不安や思いに寄り添い，やさしい語りかけや，スキンシップを十分に図り，子どもとの安定した関係を作る。 ・安心して遊びが継続できるように，危険のないように見守る。 ・園での食事の様子を見たり，聞き取りをした家庭での状況とあわせたりしながら，個々にあわせて，食事量を調節する。 ・おむつを替える時は，やさしく言葉をかけ一人一人と丁寧に関わる。 ・昼寝の時は，安心して眠れるように，体に触れたり言葉をかけたりして一人一人と丁寧に関わる。 ・戸外での心地よさが感じられるように，ゆったりとした時間を設ける。

評価及び反省	・4月の新しい環境に子どもも保育者も緊張し，クラスが落ちつくまでに少し時間がかかった。ゆっくり一人一人の子どもの発達の特徴や，距離の縮め方を子どもとスキンシップを図りながら探っていき，保育者同士の連携も大切にして，安心して生活できるあたたかい雰囲気を，今後も作っていくようにする。	家庭との連携	・園での子どもの様子を送迎時や，連絡帳で伝え保護者との信頼関係を築く。 ・園だより・献立表・クラスだよりを配布する。

4　1歳児の個別指導計画（4月）

月齢　1歳1カ月		名前　あらい　みきこ
子どもの姿	内容	援助及び配慮事項
・登園時や活動の合間などに不安になり泣くが，保育者のひざの上で安心して過ごす。 ・保育者に援助されて好きな食べ物を食べようとする。 ・午睡時さみしくなって泣き，なかなか眠れない姿があるが，徐々に慣れ，布団で横になると自分で安定する体勢で眠る。 ・保育者に援助されて着脱を行なう。	・ゆったりとした生活の中で少しずつ保育園での環境に慣れる。 ・保育者に援助してもらい，楽しく食事をする。 ・保育者のそばで安心して眠り，一定時間安心して眠る。 ・保育者に援助されて，着脱を行い，自分でも脱ぎ着しようとして手足を動かす。	・本児の好きなもの，お気に入りのキャラクターなど，保護者と連携をとりながら把握し子どもとのスキンシップを図っていく。 ・食事では本児の好みを把握し，食べやすい大きさや量にして，食が進むように援助していく。 ・安心して眠れるように，眠る時の癖や睡眠時間を把握し，頭をなでたり，肌に触れたりして，ゆったりと休息がとれるよう安心できる環境にする。 ・やさしく声かけをし，清潔に保つことや着脱を行なう心地よさを感じられるようにする。
4月評価及び反省	入園当初，体調不良で2週間ほど欠席し，園生活に慣れるまでに少し時間が必要であった。母親も目に涙を浮かべて預けていくこともあり，母子ともに，新しい環境の中でがんばっている姿がうかがえる。1日の本児の様子を細かく保護者に伝え，保護者が安心して預けられるようにする。また，保護者からも本児の好きなものや家庭での様子を聞いて，園での生活に生かせる言葉がけをしながら，心の安定を図るとともに，保護者の安心にもつなげていく。 上旬は登園時少し泣くこともあったが，しばらくすると，ブロックやボールなどの玩具で遊び，笑顔もたくさん見られるようになってきた。午睡時は給食の途中から眠たくなり，半分ほどの食事で眠ってしまうこともあるほど，生活に安心している姿が見られるようになった。早朝から夕方までの長時間の保育時間で起床時間も早いとのことなので，十分休息もとれるように配慮し，食事もしっかりとれるように工夫していく必要性を感じる。

5　2歳児の指導計画月案（7月）

子どもの姿	戸外で遊ぶことを楽しみ，「一緒に遊んでる！」といいながら友達と関わっている姿が見られる。 衣服の着脱をしたり，脱いだ服を見よう見真似でたたんだりして，身の回りのことを自分でしようとしている。	行事	1日避難訓練（火） 　　プール開き 7日七夕会 13日内科健診 15日避難訓練（地） 27日身体測定 28日誕生会
ねらい	◎暑い夏を元気に過ごす。 ◎保育者や友達と一緒に水に触れ，夏の遊びを楽しむ。 ☆いろいろな食材に関心を持ち，興味を持ってなんでも食べようとする。		

環境の構成	・プールの水深や，水温に留意し，プールの周辺に危険なものがないか点検をしっかりする。また，紫外線を防ぐため，遮光ネットをプールの上に張る。 ・遊びの間にも休息がとれるような，場所を用意する。 ・快適に過ごせるように室温に注意し，必要に応じてエアコンや扇風機を使用する。また，エアコンの温度にも十分留意し，外気温との温度差にも注意する。

養護・遊びの内容	養護……一人一人の言動，行動に対して，何を思ってそうしたのか，何が嫌なのかなどを考えて気持ちを理解し，受け止められるようにする。 食事……スプーンやフォークの持ち方を知らせたり，保育者が見本を見せたりする。 排泄……保育者に見守られながらトイレで排泄する。 着脱……着脱の仕方を知り，保育者と一緒にやってみようとする。 午睡……落ちついた雰囲気の中で，保育者に見守られながら眠る。 遊び……保育者や友達と一緒に夏の遊びを楽しむ。 　　　体操……「夏だよプールだよ」「サンサン体操」 　　　歌……「しりとりうた」「かえるのうた」 　　　手遊び……「いかいかすいか」「さかながはねて」 　　　水遊び　室内遊び　　もく浴　　プール遊び

保育士の援助及び配慮事項	・スプーンやフォークの正しい持ち方を伝え，保育者が見本となることで子どもたちがやってみようと思うようにする。 ・トイレで排泄できた喜びや気持ちよさを共感することで自信につなげる。 ・一人一人が着替えや服をたたんだりできた時は，ほめたり，一緒に喜んだりする。 ・子どものちょっとした体調の変化を保育者同士で伝え合い，共通理解し子どもを見守る。 ・一人一人が十分に水遊びを楽しめるように個別に関わり，安心して水遊びができるようにし，水遊びの楽しさを知らせる。 ・活動と休息のバランスをとり，夏を元気に過ごせるようにする。水分補給も意識的に行い，水分を摂取したことが親にも伝わるようにする。

評価及び反省	・水遊びでは，怖がる子もほとんどいなくて，全員が楽しく遊ぶことができている。保育者も一緒に楽しむことで，子どもたちも楽しいと感じられた。 ・個々の主張が激しくなり，玩具の取り合いになることも多くなったので，今後も保育者が仲立ちとなり「かして」「いいよ」のやり取りを状況に合わせて知らせていく。	家庭との連携	・水遊びが始まるので，当日の体温や健康状態に注意し保護者にも注意してもらう。 ・園だより・献立表・クラスだよりを配布する。 ・トイレトレーニングについて個別に声かけをし，家庭と協力できるようにする。

6　2歳児の個別指導計画（7月）

月齢　2歳10ヵ月		名前　きむら　たかのり
子どもの姿	内容	援助及び配慮事項
・保育者の片付けなどの指示が聞けない。 ・保育者と一緒に体を動かして遊ぶ。 ・食事の時苦手な食べ物があると手が止まってしまう。 ・トイレに誘っても嫌がりトイレに行かないことが多い。 ・パンツで過ごすようになり、自分の感覚でトイレに行くようになる。 ・自分の好きなブロックで工夫して組み立て、でき上がったもので遊び、見せに来る。 ・手づかみで食事をすることがある。	・保育者の言葉を聞いて行動する。 ・保育者と一緒に体を動かして遊ぶことを楽しむ。 ・保育者や友達と楽しく食事する中で、苦手なものもがんばって食べようとする。 ・保育者に見守られてトイレに行く。 ・自分の感覚でトイレに行く。 ・友達や保育者と関わりながら遊ぶ楽しさを味わう。 ・スプーン、フォークを使って食べる。	・本児と向き合って言葉がけや、やろうとする気持ちが持てるように、さり気なく援助したり、できた時にはほめる。 ・保育者が見本となり、楽しく遊べるように保育者も楽しみ、喜びを共有していく。 ・苦手なものが食べられるように、小さくしたり、口に運んだりして、食べられた時にはおおいにほめる。 ・トイレに一緒に行き、見守り、できた時はほめ一緒に喜ぶ。 ・時間を見てトイレに誘う。本児が行きたくないようなら様子を見ながら声かけをする。自分でトイレに行けたらおおいにほめる。 ・保育者が仲立ちになり、簡単な決まりやルールを知らせながら、友達と関わって遊ぶ楽しさを知らせる。 ・スプーン、フォークの持ち方を知らせながら一緒に食べる。
7月評価及び反省	保育者の話を理解しているが、言葉がけに動けずうろうろ動き回ったり遊びだしたりする。気を引きたいところが見られ、一対一で話し関わっていくとスムーズにできたりする。また、ほめることで自分からやってみよう、がんばろうとする意欲が見られる。ほめていくことでの育ちを進めていきたい。排尿も知らせてくれるので、時間を見て言葉がけをするが、無理強いせず様子を見ていく。食事面でも「きらい」と訴えることもあるが、食べさせると食べたりするので、いろいろな方法で食べられるようにしていく。 水遊びで水遊び用の玩具等を使って楽しく遊ぶ姿が見られる。水がかかっても平気である。玩具の取り合いなどトラブルもでてきて、なかなか譲ることはできないでいるが、保育者が仲立ちになり、順番に遊んだりして友達との遊びの楽しさを知らせていきたい。 後半になってから、排泄の際、友達が行くから自分もトイレに行くということが増えてきた。今後も時間を見計らってトイレに誘い、友達と一緒に行くようにする。	

6章　保育の中で育つ言葉 Ⅱ

　本章では，2章で示された言葉の発達の様相を踏まえ，保育の中で子どもが保育者と関わりながら，どのように言葉を育んでいくのかを述べる。

　具体的には，3歳児から5歳児まで，それぞれの指導計画を示すとともに，言葉が育つ環境，ごっこ遊びと言葉の関係，文化財との出会いなどについて実践事例を挙げて，保育者の様々な援助のポイントを述べる。

1節　3歳児の保育

1　3歳児の指導計画

　3歳児年間指導計画を示す（○発達全体に関わる事項　＊言葉に関する事項，以下同様）。

先生と仲良し　1期　4〜5月	幼児の姿	環境の構成と援助のポイント
	○喜んで登園し，園生活に慣れる ・新しい環境に手当たり次第触ったり，自分の気にいったおもちゃを見つけて遊ぶ ・保育者の傍で興味ある遊具で遊んだり，近くにいる幼児の遊びに関心を示す ＊同じ場に集まり，めいめいの幼児が独り言を言いながら自分の遊びを楽しむ［事例1］［事例2］ ＊興味が似通った友達が発した言葉を真似して，繰り返し言うことを楽しむ	＊家庭で親しんでいた絵本を子どもが目に触れるように置いておく ・保育者に対して安心感が持てるように，幼児のしぐさを受け止めたり手助けしたりする ＊保育者も同じようにつぶやきながら幼児の独り言を受け止めていく ＊周りの幼児の発する言葉の響きやイントネーションなどを同じように真似をして周りに伝えていく

	言葉のねらい	言葉の内容
	○生活に関わる物，場所などの名称を知る	○カードや表などの絵を見て，いろいろな言葉を覚える
	幼児の姿	環境の構成と援助のポイント
楽しい幼稚園　2期　6〜8月	○生活の仕方が分かり，自分の好きな遊びを楽しむ ・保育者と遊ぶ中で自分の遊びを見つけたり，心を動かされたりすることで幼稚園が楽しいと感じる ・気になる友達と一緒に動くことが嬉しく，いろいろな遊びに目が向くようになる ＊保育者に自分ができないことや困ったことを言葉で伝えてくる ＊ままごとコーナーなどに集まり，つもりになって役をとる中で気の合うメンバーに簡単な言葉で思いを伝えようとする ［事例3］	・同じ場にいる友達と十分触れ合って遊べるように，場の広がりや遊具の数に配慮する ・保育者の周りで遊んでいる幼児同士が一緒で嬉しいなという思いが持てるようにする ・一人一人の思いや遊び状況を理解し，ゆったりとした気持ちを向けて応えていく ＊友達との仲介役をしながら友達とのやり取りを楽しめるようにする
	言葉のねらい	言葉の内容
	○集団生活で使う語彙や動作を表す言葉を覚える	○日常のあいさつ「おはよう」「さようなら」などの言葉を覚える
	幼児の姿	環境の構成と援助のポイント
遊ぶの大好き　3期　9〜10月	○保育者や友達と触れ合って遊ぶ ・気にいった友達の遊びやしていることが気になり，同じようにやってみようとする ・道具の取り合いや思い通りにならないことがあると，泣いたり怒ったりして保育者や友達に自分の思いを出す ＊自分の気持ちやしてほしいことを自分なりの言葉で伝えようとする ［事例4］	・友達と関わって遊ぶ楽しさが味わえるように，必要としている用具や材料を用意し，場を確保する ・思いがけない行動もでてくるので，幼児が表そうとしていることをゆったりと最後まで聞きとるようにする ＊友達の刺激を受け，自分なりの感動を伝えようとし言葉足らずになるが，訂正しないで，素直に言葉を使う機会を大切にする
	言葉のねらい	言葉の内容
	○遊びの中で，自分の思いを表現する楽しさを味わう	○「これ，私も同じだよ」などその場にあった言葉を使うことに慣れる

	幼児の姿	環境の構成と援助のポイント
友達見つけた 4期 11〜12月	○気の合う友達を見つけて遊ぶ ・気にいった友達とのつながりを求め、同じような物を身につけたり動きを真似したりして、何度も繰り返し遊ぶ ・同じようなことをしたいが、思い違いや思いが通らなかったりして、取り合いや言い合いをする姿が目立つ ＊自分のイメージで遊ぶ中で、少しずつ保育者や友達に思ったことや感じたことを話そうとする［事例5］［事例6］ ＊遊びの中でトラブルが生じると言葉で説明したり自分の思いを伝えることができないため、言葉足らずになったり手が出たりする	・友達に興味を持ち始めたら、タイミングを計りながら友達と関わり合うきっかけを作るなど、友達と触れ合う楽しさを感じられるようにする ・友達とのぶつかり合いが多くなるので、お互いの気持ちを受け止め、「貸して」「いいよ」などの人との関わりに必要な言葉を知らせるような仲立ちをする ＊自分の気持ちや困っていること、してほしいことなどを保育者に自分なりの言葉や方法で伝えようとするので、言葉の意味を確認して共感する
	言葉のねらい	言葉の内容
	○遊びや生活の中で自分の要求を友達に言葉を通して伝えようとする	○「△△くん、僕もそれをしたいよ」など、してほしいことを直接言葉で言う

	幼児の姿	環境の構成と援助のポイント
友達と一緒 5期 1〜3月	○特定の友達と一緒に過ごすことを楽しむ ・気に入った友達が遊んでいることに興味を持ち、「貸して」「入れて」「いいよ」などの言葉のやり取りを交わしながら一緒にやろうとする ・自分たちのイメージを持って場を作り、そこをよりどころにしながらごっこ遊びをする［事例7］［事例8］ ＊自己中心的に遊びを進めていきながら、お互い興味が重なり合う部分では自分の思いや考えを前面に出しながら遊ぶ［事例9］	・友達と関わろうとしている姿を受け止め、互いの思いを仲立ちして楽しい雰囲気を作っていく ・2、3人の気の合う友達と一緒に遊ぶ楽しさが感じられるよう、時間を十分確保し、囲える物や敷物などを十分準備しておく ＊集団生活での刺激を受けて言葉の使い方や語彙も多くなるが、個人差も著しいので、会話が豊かな子どもが中心に進められていないかなど見届けが大切である
	言葉のねらい	言葉の内容
	○相手に分かる話し方、話を聞く気持ちを持つ	○集団生活の中で使う言葉を理解する

2　めいめいの幼児が独り言を言いながら自分の遊びを楽しむ

［事例1］「ごはん作ってるの」

4月下旬

　ままごとコーナーに4人の幼児がいる。めいめいがキッチンでそれぞれのしぐさをしている。文雄はフライパンの中のハンバーグをカタカタさせている。音を楽しんでいるようにも見える。康男は文雄と身体が触れ合う距離にいて，鍋のような容器をかき混ぜる格好をしている。そして誰に言うわけでもなく「ごはん作ってるの」と独り言を言っている。隣同士でいるが会話もなく関わっている様子はない。友子はタンブリンを持って座り込み，周りの様子をうかがっている。やがて文雄はままごとコーナーから出ていく。すると隼人がキッチンに来て片手鍋いっぱいにごちそうを入れ，康男のフライパンからハンバーグをわしづかみしていく。康男は“だめ”と言いたげな表情をするが，言えないまま並行的に遊んでいく。しばらくするとままごとから抜けていき，保育者の声のするほうに行ったり，元気な声のする子に引きずられるように移動していく。

〈保育者の考察〉

　入園して1カ月くらいになると自分が好きな遊び場で，手当たり次第，目につく道具を試したり，納得いくまで同じ動作を繰り返したりする。

　たとえば「ごはん作ってるの」と誰に言うわけでもなく，独り言を言いながら遊ぶ場面がよく見られる。話す対象がはっきりしない時期では，自分のイメージや思いを独り言で表現していると考えられる。このことは3歳児の言葉の発達を考える上で大切な要因であり，独り言やつぶやきを受け止めることが幼児自ら「言葉」を発していくことにつながる。

　保育者も幼児の独り言と重ね合わせるようにその言葉を発信していくことで，幼児に受け止められたという安心感が生まれ，自信を持って言葉を発するきっかけになる。

［事例2］「違うよ。お母さんごっこだよ」

5月中旬

千春，奈央は人形やぬいぐるみを寝かせ，お母さんやお姉さんになって遊んでいる。しばらくすると「赤ちゃんにお熱が出たわ」と言いながら人形を寝かせていた。保育者がテラスに椅子を並べ座布団をのせてベッドを作る。保育者が段ボールで作った聴診器や紙の注射器を用意すると，実歩と茜が「貸して」とやりたがる。

しばらく寝かせた人形の手当てをしていた。保育者は病院ごっこになるかなと思い，「病院の先生みたいだね」と言うと「違うよ。私たちはお母さんごっこだよ」と奈央が答えた。

実歩と茜は普段はお母さんやお姉さんになって遊んでいるわけではないので，明確なイメージは持っていないようだ。お手玉を冷却シートに見立てて人形の頭に乗せたりしている。また，体温計など道具の区別はあまりなく，口に当てて薬にしたりもしている。幼児同士のやり取りよりも個別に世話をするのを楽しんでいるようである。

〈保育者の考察〉

3歳児の「大変，赤ちゃんにお熱が出たわ」という言葉から，保育者はごっこを楽しんでいると受け止め，ベッドや病院ごっこに必要な道具を準備している。ところが2人の幼児は保育者の「病院の先生みたいだね」の言葉に反応して「違うよ。私たちはお母さんだよ」と反論している。3歳児の言葉の使い方は大好きな友達の間では，相手の思いを受け止めながらごっこ遊びを展開していく。集団的独り言をしながらも部分的に相手のイメージを理解していく。

千春と奈央の間では，表面的に見える部分では人形を対象に熱が出たという想定で遊んでいる。最後の言葉「違うよ。お母さんごっこだよ」から内在的にはお家ごっこのイメージで遊んでいることが分かった。言葉で言っている内容とイメージは異なる場合がある。

3　自分の気持ちやしてほしいことを自分なりの言葉で伝える

［事例3］「ここはね。お風呂ってことね」

───── 8月下旬

晴香「おうちつくろ？」と弥生を誘っている。弥生は応じ，一緒に「ねえ先生，おうちつくろー」とやってくる。保育者「どんなおうちにする？」晴香「うーんとね……これをこうして……」とウレタン積み木を運び出す。3人でウレタン積み木を運んで，四角に囲んだおうちができてくると晴香は「ここね。お風呂ってことね」と言う。初めは晴香の様子をうかがっていた弥生も同じようにやり始める。

晴香「ここはね，お風呂」「これは石鹸だよ」とブロックを1つ持ってきて置く。保育者「いいねー。石鹸もあるんだ。入ってみようかな」と聞く。すると晴香「えー。まだ夜じゃないよー」と笑っている。

晴香が「歯磨きもするもん。どこがいいかなあ」ときょろきょろしている。弥生も晴香の真似をして「歯磨き粉これでいいじゃん」と細長いブロックを持ってくる。弥生「こうすると出てくるの」と傾けている。晴香は「いいね。いいね」と笑っている。ブロックの歯ブラシで歯磨きをするしぐさをする。

そこへ，傍にいた里美が「あと3匹いるよ」（いつも歯磨きの後に，ばいきんまんが何匹いるかな？　のやり取りをしている）と言う。

〈保育者の考察〉

晴香と弥生は仲が良く一緒によく遊ぶ関係である。「おうちつくろ？」という晴香の提案に応じ，お互いに相手のすることを見ながら真似ることで同じ遊びをしているという思いになっている。また，保育者の投げかけに対しても自分なりの思いを言葉で伝えるこ

3歳児「友達と同じものを私も持ってくるよ」「ここは私の場ね」

とができている。2人はどちらかが言い出したイメージを受けて応答し合う関係が見られる。毎日一緒に遊んでいる2人だからこそ，このように言葉を中心に遊びを進めていくことができる。保育者の存在も2人の会話がスムーズに進展するための大きな要因である。

[事例4]「お弁当屋さんだよ」

―――― 9月中旬 ――――

　最近ままごとコーナーでお弁当にご飯を詰め，リュックサックに弁当とコップとシートを入れ，ピクニックに出かける遊びを楽しんでいた。

　朱里「今日は先生にお弁当作ってあげるね」と元気よく登園してくる。先に登園していた章子も「私も作りたい」と朱里と一緒に作り始める。そこへ里香が「朱里ちゃん何してるの？」と来る。

朱　里：「お弁当屋さんだよ。先生のお弁当作ってるの」と答えると，

里　香：「私も仲間に入れて」と加わる。

保育者：「お弁当屋さん，そろそろ先生のできたかしら？」と幼児の様子
　　　　を見に来ると，

里　香：「はい，3番さんに取りに来てください」と店員の真似をする。

保育者：「店員さん，先生はオムライスが好きだからオムライス弁当を頼
　　　　むわね」と注文をする。弁当を作っている朱里に「オムライス弁
　　　　当お願いしますー」と言う。

朱　里：「お弁当できました」と弁当にコップをつけ保育者に渡す。「ここ
　　　　に椅子を持ってきてここで食べてください」と言う。

保育者：「それにしても，ここのお弁当屋さんはお店の中で食べることが
　　　　できるんだね」と言うと，

里　香：「すごいでしょ」と得意げに言う。

朱　里：「じゃあ，次は里香ちゃんの作ってあげようか」と聞くと，

里　香：「じゃあ，私は朱里ちゃんの作るね」と言う。

〈保育者の考察〉

　この事例は，ままごとコーナーで楽しんできたお弁当ごっこに保育者が関わることで弁当屋さんという遊びのイメージが成立した経緯を示したものである。その中で，興味が同じ幼児同士では，言葉を介してめいめいの思いを言葉で表現できている。また，会話のやり取りが保育者を仲介にして成立する点は，3歳児の発達の表れである。

　この経験を通して，相手の思いを受け入れて遊ぶ楽しみを味わっている。言葉を中心に自分の思いを相手に伝えるのではなく，幼児同士の関わりそのものが基本にあり，感情的に満たされることで思いを言葉で表すことになる。

4　自分のイメージで遊ぶ中で友達に感じたことを話す

［事例5］　「もちぺったん。ぺったん」

　　　　　　11月中旬

　　正樹と宏志が砂場のタイヤに砂を入れている。「工事のおじさん」と独り言を言いながら山を作っているので，「何の工事してるの？」と聞く。正樹は「違うよ。おもち」とシャベルを持ってきてタイヤの中の砂をつき始める。近くにいる宏志も同様に行っている。

　　正樹「もちぺったん。ぺったん」と言い，シャベルを下ろしている。宏志も「もちぺったん。ぺったん」と言う。そこへ俊介が「何してるの？」とやってくる。保育者「皆でおもちを作ってるんだよ。俊介くんもこねる？」と言うとこね始める。正樹はシャベルでこねるのをやめて「こねて。こねて」と促す。楽しい雰囲気を感じてか，翔太が「入れて」とやってくる。翔太がつこうとすると，宏志は「おもち入ってないじゃん。おもち入れてからだよ」と教えに来る。正樹も「このつぶつぶがなくなるまでだめなんだよ」「はい，皆もがんばろう」と周りの幼児に声をかけている。

〈保育者の考察〉

　3歳児もこの時期になると気の合うメンバーができ，自分から「何してる

の？」と言葉で相手に尋ねて遊びに参加してくるようになる。砂は幼児にとって自由自在になる点で関心が集中しやすい素材であり，言葉が自然と出てくるのだと思われる。

　言葉では「工事現場のおじさん」と独り言を言いながらも，正樹の「違うよ。おもち」との言葉でイメージが一変する。3歳児は，遊びのイメージがまだ流動的で変化することが分かる。気の合うメンバー間では，それぞれの思いを言葉に出して会話を続けることができるようになる。

[事例6] 「森へお散歩に行くワニ」

― 11月下旬 ―

　戸外で巧技台や一本橋から落ちると保育者がワニになり，落ちた幼児を食べるという遊びを楽しんでいた。保育者と同じような動きをして「食べちゃうぞー」「ワニワニ〜（言いながら両腕を動かしている）」と走りまわったりしている。好きな絵本の「ぞうくんのさんぽ」のイメージで，いろいろなところにワニになったつもりで散歩に行くことも楽しんでいた。

　愛美「私，お母さんになるワニ」と保育者に言ってくる。保育者「どんなお母さんワニさん？」と聞くと，愛美「ご飯を作るワニ!!」と答える。それを聞いていた真弓「私もお母さんワニだワニ!!」と言い，愛美と一緒だよといった表情で見る。いちごに見立てていた花が足りなくなり，真弓「ワニワニ〜，いちごがなくなったワニ」と愛美に知らせる。すると，愛美「お散歩で見つけてくるワニ!!」と答える。真弓は自分の思いが愛美に伝わったことが嬉しかったようで，真弓「ワニー!!」と大きな声を出す。

保育者：「どこへ行くワニ？」

愛　美：「森〜」

真　弓：「いちごを見つけてくるワニ」

保育者：「いってらっしゃいワニ」

愛美，真弓「ワニワニ〜」（行ってきますと言っているよう）と取りに行く。しばらくして，愛美「お肉も足りないよ」と言ったことに，真弓「行

くワニ」と愛美の思っていることを受け止めている。保育者は「ワニワニ
さん，どこへ行くワニ？」と２人が繰り返すことが楽しくなってきている
ようなので同じように聞くことにする。

愛美，真弓：「森〜」

愛　美：「今度はお肉を見つけてくるワニ」

保育者：「あら，それもなかった？　気をつけて行ってらっしゃいワニ」
　　　　と言うと，２人とも嬉しそうに並んで両腕を上下にパクパクして
　　　　取りに行く。

〈保育者の考察〉

　クラスで絵本の読み聞かせをする中で，幼児たちの大好きな絵本が決まっ
てくるようになる。「ぞうくんのさんぽ」の絵本のイメージと，巧技台や一本
橋から落ちると保育者がワニになり，落ちた幼児を食べる遊びとが重なり合い，
楽しい遊びへと発展していった。

　この遊びの特徴は，言葉によって興味が一致していくプロセスを見ることが
できる点にある。それは「△△△ワニ」と言葉の最後につけることで自由に言
葉が発せられる良さである。

　３歳児の仲間関係では，２人から３人のメンバーではあるが，しっかりと相
手からのメッセージを受け止めてい
る姿がある。言葉のみによる会話を
中心に，遊びのイメージを持続でき
る育ちが見られる。保育者との信頼
関係を基盤に，自由自在に言葉を発
する日常生活が守られていることが
重要である。

３歳児「大好きな○○ちゃんと一緒に出
るから，大丈夫！」

5 お互いに興味が重なり合う部分では，自分の思いを前面に出す

［事例7］「火事だ‼火を消すぞ」

──── 1月上旬 ────

　靖男，昭は消防隊ごっこを楽しんできた。靖男「消防隊やりたい」と言ってきた。保育者「いいね。私も消防隊になろっと」とヘルメットをかぶって外へ出て行き基地を作っていく。その姿を見て，博之，淳也，大輔が消防隊になり参加してくる。翔太，誠也は忍者になり参加してくる。昭「あそこが火事だ」とままごとハウスを指さす。

保育者：「大変，緊急出動，ウーウー」と言いながら行く。消す真似をすると，

靖　男：「チェミー（架空の人物）の家が火事だ」と次々に火事を消す動作をする。

　昭　：「ホースを持ってきた」と縄跳びを2本持ち，1本を保育者に渡す。それを見て博之，淳也，大輔も縄跳びを持ってくる。淳也は縄跳びの先をプールに入れて火を消す。「消えた」と叫ぶ。

大　輔：「赤ちゃんが泣いている」と言うので，保育者が「火事になって泣いてるってこと？」と聞くとうなずく。

保育者：「それは大変。どこで泣いてるの？」

大　輔：「滑り台」と答える。

保育者：「皆，赤ちゃんが滑り台で火事が怖いって泣いてるって」とイメージを伝えると，

靖　男：「それじゃ，ビッグキャリアカーに救急車と消防車乗せるっていうのはどう？」と言う。

〈保育者の考察〉

　靖男，昭は生活発表会で消防隊をする。自由な遊びの中では，他の幼児もごっこ遊びの中で一緒に遊んでいる。それぞれの幼児は火事を消すというイメージは共通しているが，保育者が仲介することで遊びのイメージが共有され

ていく様子が分かる。複雑な遊びのイメージを幼児同士の言葉だけで成立させ
ることはまだ難しいと思われる。

　火事に対するイメージは様々なので一人一人は火事の状況もばらばらである
が，イメージは個人差が大きく理解できない幼児もいる。言葉で伝えることは
できるが，それに応じるのはまだ無理である。

　［事例8］「なーいしょ。ないしょ」
　　　　　　1月下旬

　　一学期から「なーいしょ。ないしょ」と言って，保育者の「えー，いい
なあ」という反応を面白がって，内緒にすることを楽しんでいた。保育者
は生活発表会で普段楽しんできた言葉を生かすことができないだろうかと
考えた。秘密をテーマにした絵本をもとに話を進めることにした。絵本を
読むと，幼児たちは「ひ・み・つ」という言葉を喜んで話している。
　　亜希子，七海は仲良し関係である。保育者がねずみのしっぽのついたス
カートや耳のついた帽子を用意することで，ねずみ役の気持ちが高まれば
と思い，幼児の前で作っていく。
亜希子：「ネズミさんでしょ。亜希子，七海ちゃんがネズミになるんで
　　　　しょ」とわくわくした様子で見ている。スカートを身につけて亜
　　　　希子「わー，ネズミさんになっちゃった」と鏡を見てネズミに
　　　　なった自分にうっとりしている。
亜希子：「七海ちゃんかわいいね」と話しかけると七海は「ふふん」と照
　　　　れくさそうにして見せ合いっこする。
保育者：「さあ，ネズミさんたち。今日も遊戯室にリンゴを隠しに行こう」
　　　　とネズミになって動けるように誘うと返事をして遊戯室に向かう。
亜希子：「先生には見つからないところに隠そうよ」と七海に内緒話をする。
七　海：「うん，いいねえ」と言う。
　　保育者がウサギになって「ピョンピョン，ネズミさんって一体どこに隠
すんだろう？」と気にしているふりをすると，2人は「なーいしょ。ひ・

み・つねー」とネズミの言葉を嬉しそうに話す。2人は「えー。なーいしょ，ないしょ。ひ・み・つなの。いいなあ。ぴょんぴょん」というやり取りを楽しんでいる。

〈保育者の考察〉

　生活発表会の題材として日頃の何気ない言葉のやり取りを生かし，絵本の読み聞かせを繰り返す中で幼児たちの興味づけをしてきた。特に3歳児の生活発表会の教材は，日頃の興味と合致することで無理なく取り組むことができる。

　遊びの中で興味を持った言葉を保育者が取り上げることで，セリフを遊びながら経験できるメリットがある。特に繰り返しのあるリズミカルな言葉はすんなりと覚えられるようである。

[事例9]　「ここは真帆の家ね」

　　　　　　1月下旬

　美穂，洋介，春雄と保育者で凧揚げをしていた。美穂の「おうちごっこやろうよ」の一声で遊びが始まった。

美　穂：「私はお母さんね」と言いながらごはん作りをする。

春　雄：「お父さんはだれ？」と他児に聞くと，

美　穂：「お父さんは洋介くんでしょ」と言うと春雄は「え？　洋介くんも入ってるの？」とプールのほうにいる洋介くんを指さすので，

保育者：「お父さんはお仕事に行ったんじゃない？」と言うと，美穂が「そうそう仕事だよ」と言っているうちに洋介が帰ってくる。

保育者：「お帰りー，パパ待っていたよ」と迎える。

美　穂：「ごはんですよー」の一声で食事の場面となる。

　美穂たちの家の隣の雲梯のところで美穂たちの様子を見ていた真帆が，「ここは真帆の家ね」と知らせてくれる。あえて誘うことはしないで見守

ることにする。

　急に美穂「お母さんやーめた。私お姉ちゃんになる。あ！　やっぱりバブちゃん（赤ちゃん）にしよ」と言う。それを聞いて春雄「俺は赤ちゃんのミルク作る」と言う。保育者「はーい，ではお留守番お願いします！」と春雄を残し，砂場に出かける。

　すると，真帆も後ろからついてくる。砂場では別の幼児がごちそうを作って遊んでいた。「こっちはたい焼きがあるよ」と保育者に言うので，「他に何があるの？」と聞くと，

明　　美：「何でも作れるよ」と返事が返ってくる。

真　　帆：「たこ焼きがいいな」とつぶやく。

保育者：「お店屋さんに聞こえるように言わないと」と真帆が自分で言えるように声をかける。

真　　帆：「たこ焼きください」

明　　美：「はーい，たこ焼きです」と会話を交わすようになった。

〈保育者の考察〉

　3歳児もこの時期になるといつも一緒に遊ぶメンバーが固定するようになり，思い思いのイメージを言葉で伝えようとする姿が見られる。役割などグループ内でまだ厳密さはないが，それでも自分がなりたい役を自由に言い合うようになる。また，役をやめることも言葉で承認し受け入れている。

　イメージは豊かに持っているが，言葉で伝えることが苦手な幼児には，保育者が自分から表現する場を作っていくことが大切である。

2節　4歳児の保育

1　4歳児の指導計画

4歳児年間指導計画を示す。

	幼児の姿	環境の構成と援助のポイント
先生・友達と仲良し　6期　4〜5月	○保育者に親しみを持ち，安心して過ごす ・不安や緊張を感じて保育者のそばから離れられない新入園児や目新しい遊具に興味を示して自分から遊びだす幼児もいる ・年少組からの友達と遊んだり，新しい保育者との関わりを喜んだりする ＊言葉や文字に関する個人差が顕著に表れてくる［事例1］ ＊友達との関わりの中で，言葉の使い方が分からない幼児間で感情的なトラブルが生じる	・幼児の喜びや心の動きを見守りながら必要な時は，いつでも手を差し伸べて心のよりどころとなるようにする ・友達と一緒に遊ぶ楽しさが味わえるように，保育者が一緒に同じことをしてともに楽しむ姿を見せていく ＊友達との具体的な関わり場面を通して，言葉の使い方や受け止め方を知らせていく
	言葉のねらい	言葉の内容
	○友達との物の貸し借りなどの場面で，言葉の使い方を知る	○友達との関わりの中で，「かして」「いいよ」「あとで」「どうぞ」などの必要な言葉を使う
	幼児の姿	環境の構成と援助のポイント
友達との遊び　7期　6〜8月	○自分の興味ある遊びに夢中になりながらも，友達と一緒に遊ぶ ・友達が遊ぶ姿を見て，友達の動きを真似たり自分の遊びに取り入れたり，自分も同じように作って遊ぶ ・友達とごっこ遊びをする中でいろいろな友達と関わり，自分の思ったことや感じたことをつぶやいたり話したりする ＊友達同士のコミュニケーションレベルが高くなり「要求・指示・提案」に関する言葉を使うようになる［事例2］ ＊ごっこ遊びでストーリーの状況を述べることで遊びを変化させていく	・自分たちのイメージに合った場作りに使えるものや，なりたい役に必要な素材や数などを適宜準備する ・幼児から出てくる思いや考えを受け止めたり，代わりに言葉に出して確かめることで，安心して友達に伝えるようにする ＊気の合った仲間関係が成立している中では，言葉による伝え合いができるように，うまく伝わらない時は，補足してスムーズに遊べるようにする
	言葉のねらい	言葉の内容
	○集団生活での言葉によるルールを仲間の関係を通して知る	○相手の了解を得たりする言葉を使う

	幼児の姿	環境の構成と援助のポイント
大好きな遊び 8期 9〜10月	○気の合った友達と思いを伝えながら遊んでいく ・気づいたり発見したことや得意なことを保育者や友達に知らせたり，見てもらったりすることを喜ぶ ・2, 3人の友達とごっこ遊びをする中でそれぞれのイメージを出し合って遊ぶ ＊保育者に助けられながら困ったことや気持ちを友達に伝える ＊友達との遊び場面で自分の意志で，相手に考えを伝える ［事例3］	・イメージが食い違った時に相手の思いに気づいたり，我慢しながらも仲間と遊びを進められるように励ます ・いろいろなイメージを表現できるように，材料や用具を一緒に準備したり探したりする ＊話をしている相手の顔を見て，相手の感情やしぐさから言葉のやり取りをさせる
	言葉のねらい	言葉の内容
	○グループでのトラブルの場面で，自分の思いを最後まで伝える	○何が嫌なのか，困ったのかを具体的に話す
	幼児の姿	環境の構成と援助のポイント
イメージを共有して 9期 11〜12月	○自分の思いを出しながら，友達と遊ぶ楽しさを味わう ・友達と同じイメージの中で話したり，より楽しい遊びにしようと自分なりに動いたり，工夫したりする ・友達との関わりが多くなり，今まで興味のなかった遊びでも友達の楽しそうな姿を見て仲間になって遊ぶ ＊自分のイメージを相手に分かるような言葉で話す ［事例4］［事例5］	・同じようなイメージを持って友達と遊ぶことが楽しめるよう，気に入ったお話や共通の体験をもとに，場や物を準備する ・イメージや思いが伝わらない時，保育者がお互いの思いを具体的に言葉で表し，気づき合えるような機会を作る ＊自分なりのイメージや考えを友達に伝えるために，どんな手順で表現すればよいかが分かる
	言葉のねらい	言葉の内容
	○グループ内で自分のイメージを伝えたり，相手の言葉を理解する	○「どう思ってるの？」など自分のイメージを言葉で伝える
	幼児の姿	環境の構成と援助のポイント
仲良しとの遊び	○一人一人が自分なりの思いを持ちながら，グループ以外の幼児たちとも一緒に過ごすことを楽しむ ・気の合う友達と結びつきが強くなり，友達のイメージや気持ちに気づいたり，受け入れたりしながら一緒に遊んでいこうとする	・遊びの中で保育者も一員として参加し，気づいてほしいことや幼児から出てきたアイデアを周りの友達にも伝えたりして友達との関係を深めるようにする ・自分の思いを通そうとして，トラブルが生じるが，自分とは思いが違う人の存在に気づいたり感じたりできるようなきっかけの場を大切にする

10期1〜3月	・遊びのイメージが多少違っても気の合う友達同士では，こだわらずに遊びを続けていくようになる ＊幼児なりの言葉で自分のイメージを伝えようとするが，言葉足らずのところは保育者が仲立ちをする［事例6］［事例7］	＊思いついたまま相手に伝えるのではなく，手順を追って話せるように保育者が聞き取りながら話していく
	言葉のねらい	言葉の内容
	○グループの皆で意見を出し合い，納得いくように話し合いをする	○「皆どうする？」など自分だけの思いでなく，皆で伝え合っていくことを知らせる

2　言葉や文字に関する個人差が表れる

［事例1］「いらっしゃーい！ 飴屋さんですよ」

　　　　　　6月上旬

　麻美，真由，隆一，晴喜が折り紙を丸めたり包んだりして作っている。保育者「いっぱい作ったね。何を作ってるの？」と聞くと「飴だよ」と答える。保育者は「お客さんにも食べてもらいたいね」と投げかけてみる。

麻　美：「うーん，皆に教えてあげる？」

真　由：「どうやって？」と悩んでいる。

保育者：「飴屋さんでしょ。お店の看板作れば，ここが飴屋さんてすぐ分かるかもよ」と話に乗っていく。

麻　美：「紙，紙〜」と白い画用紙を持ってくる。

麻　美：「先生，飴屋って書いて！」と言うので書いていく。

隆　一：「おれ，飴の絵も描きたいな」と言う。

　4人は準備をしながら看板を立てる場を決め，いよいよ店開きである。しかしなかなか「いらっしゃい！」の声を出すのがはずかしい様子である。保育者が言い出すと，それに続くように「いらっしゃい！ 飴屋さんですよー」「メロン味もあるよー」と言い出す。明が「飴ください」と声をかけてきた。それをきっかけに言葉がどんどん出るようになる。

麻　美　：「はい，メロン味ですよ」

真　由：「何味がいいですか？　これがサイダー。これが桃，これオレン
　　　　ジ」というように説明していくようになった。
　明　：「じゃあ，サイダー味ください」
麻　美：「はーい，60円です」と言うと，明は握り拳を開けてお金を渡す
　　　　格好をする。

〈保育者の考察〉

　4歳児もこの頃になると，気の合うメンバーができ，遊びを展開していくプ
ロセスでなれ合いになってしまう場面も見られるので，保育者がごっこ遊び
のイメージを確認することが大切である。
そのことで他のグループのメンバーとの
会話が生まれるきっかけとなる。

　この時期は言葉や文字に対する興味の
個人差は大きく，保育者が「先生，書い
てー」と言ってくる幼児には応じ，そう
でない幼児には，絵などの表現を認めな
がら文字が必要となる遊び場面では意識
づけをしていくことが大切である。

4歳児「これは△△△なんだ」
知っていることを文字で表そうとする。
しかし個人差が大きい。

3 自分の興味ある遊びに夢中になり友達と一緒に遊ぶ

［事例2］「どうしたの？　言ってくれないと分からないよ」

——— 7月下旬 ———

　登園した美菜穂・綾野が「妖精ショーやろ！」と言うと傍にいた絵里奈，聖菜，愛生たちも一緒に外へ出ていく。プールの中にフープを並べ，美菜穂がカセットのスイッチを押し音楽に合わせて踊りだす。

　ちょうど曲も終わり，美菜穂「あっ！　夜だから寝る時間よ」，他児も「そうだ，寝ましょ」と寝るふりをする。美菜穂は1人起きているので聞いてみる。「だって6年生だから寝ないんだよ」と教えてくれる。仲間同士は分かり合っている。

美菜穂：「学校へ行かなくっちゃ」

愛　生：「私，練習しなくっちゃいけなかった」フラフープを回し出す。

綾　野：「もう寝る時間よ」の声に全員またプールの真ん中に寝る。今度は愛生だけが起きている。聞いてみると「宿題忘れてた！」と書く真似を始める。すっかり役になりきって遊んでいる様子が分かる。

美菜穂：「おはよー！　練習の時間よ！」とフープを持って皆が集まるが，愛生1人がプールの真ん中で寝ている。

美菜穂：「どうしたの？　ドレミ（愛生）ちゃん，朝ですよー」と言うが，寝ている。

聖　菜：「お熱かな？」

綾　野：「病院へ行く？」と心配そうにいうが，愛生は動こうとしない。

　「ここで私たち練習したいから，よく寝れる所に運んであげよ」と皆でプールの隅に運び出す。愛生は泣きだす。

美菜穂：「愛生ちゃん，どうしたの？　言ってくれないと分からないよ」と困ったように聞く。他児も「えー，もう朝だよ」とイメージの食い違いがあったことが分かる。

保育者：「愛生ちゃんはまだ夜のところだったんだね。皆に分かるように

　　　言うとよかったね」と愛生の気持ちを受け止めると同時に，愛生
　　　が自分の思いが相手に伝わるにはどうしたらいいか考えたり，気
　　　づいてくれるようにと思って言う。それぞれに「どうする？」
　　　「どうしよう」と言いながら考えていたり，愛生も皆の様子を見
　　　て葛藤している様子である。

聖　菜：「愛生ちゃん，頭に何かついているよ」と突然まったく違うことを
　　　言ったことで，愛生「えー」と言って笑うと，皆も笑い合い，気
　　　持ちが切り替わっていった。

〈保育者の考察〉

　4歳児もこの時期になると，仲間関係に微妙な変化が見られるようになる。
自分の思いを出せずに我慢していた幼児が言葉で表現するようになり，周り
の幼児もそのことを感じつつ受け入れ
ている。相手に対する感情が自然に言
葉になって表れる。

　遊びが順調に進んでいる時は自由な
会話が見られるが，ごっこ遊びの中で，
イメージがずれた時，消極的な愛生は
言葉でそれを伝えることができなかっ
た。感情的な食い違いなどは幼児だけ
では場をうまくコントロールできない
ので，保育者が幼児自身の言葉で表現
する機会を作ることが大切である。

「ねえ，ここどうするの？」
「すこしくるくるするといいよ」
気の合う友達とは質問したり応答したり
しながらイメージを確認し合う。

4　友達と関わる時，自分の意志を相手に伝える

［事例3］「お客さんだったらいいよ」

　　　　　10月下旬

　風菜，美鈴が，戸外でハンバーガー屋さんごっこをしていたことをきっ

かけに保育者も加わりお店の人になって遊び始めた。そこで晴喜「入れて」と言うと，風菜「お客さん役しかないからお客さんならいいよ」と答える。晴喜「えー，晴喜，お店の人がいいんだけど」，風菜「もうお店の人はいっぱいだから！」と少し強めの口調で言う。晴喜は困った様子で考えていた。晴喜「風ちゃんがお店の人やらせてくれない」と言ってくる。保育者は「晴喜ちゃんがやりたいことはお話したの？」とあえて確認する。晴喜「うん，お店の人がやりたいって言ったけど風ちゃんはいやだって。お客さんじゃないとだめって言ったもん」と言う。保育者は「うーん，じゃあどうしたらお店の人になれるか聞いてみたら？」と提案すると，すぐ聞いている。しかし風菜は「お店の人いっぱいだからできんよ」とそっけなく返していた。晴喜「いつも風ちゃんたちと遊んでいるから，他の子と遊んでもつまらなかったから入りたいの。風ちゃんはお客さんしててっていうけど，晴喜はお店の人がいいんだもん」と一気に言う。保育者は風菜の思いも聞いてみようと晴喜と一緒に行く。

保育者：「晴喜ちゃんがお店の人をやるのはどうしてだめなの？」と聞く。

風　菜：「お店の人は男2人女2人だから」

保育者：「で，今は誰がお店の人？」

風　菜：「風菜と美鈴ちゃんと大地くんと唯人くん」

保育者：「あれ，さっきは先生もお店の人って言ってたよね」

風　菜：「でも美鈴ちゃんがやめたから，2人」

保育者：「じゃあ，先生がお店の人を晴喜ちゃんと交替してもいい？　先生お客さんになるから」と言うと，納得してくれて「うん，晴喜ちゃんお店の人やってもいいよ」と言う。

〈保育者の考察〉

　言葉の発達を見ると，4歳児のこの時期は，いつも一緒に遊んでいる友達との関係では，自分の思いや考えを言葉で伝えることができる。言葉の種類が増え，質問に答えたり説明したりなど，かなり詳しく表現することができるよう

になる。

　遊びの中で相手から拒否されても，必死に自分の思いを伝える晴喜に遊びを実現したいという気構えが言葉を通して表れている。個人差はあるが，自己実現したい欲求が強い場合，自分の思いを言葉で説得しようとする。また保育者が仲介することで，風菜もこだわりを捨てて受け容れることができた。

［事例4］「かえるニュースです」

11月中旬

　雅夫，健太，龍一，聡はよく遊んでいる友達である。雅夫の発想の魅力に周りの友達が集まってきている様子である。数日かえるごっこ（バッタやワニになって遊んでいたが，ある日かえるのお面を作り，おうちごっこのように遊んでいた）をしていて，廊下の窓枠を使って「ニュースです」と遊んでいた。保育者と一緒にダンボールでテレビの枠を作る。雅夫「新聞がないといかんね……探しに行こう」と雅夫と龍一は探しに行くが見つからず，言いに来る。「テレビでも見て待っててよ。今日ニュースやるかな？」と保育者が言うと，雅夫「うん，龍一くん，そうしよう」とテレビの前に座ってリモコンを変えるしぐさをしていた。

　保育者が本物の新聞を持って，かえるごっこの場に行くと，待ってましたとばかりに雅夫が近づいてきたので新聞を渡す。雅夫が見ている新聞に，他の子も集まってくる。雅夫「今日は巨人対日本ハムがあるね」「ニュースは朝やるよ」と新聞を見ながら言っている。すると聡がテレビの枠から顔を出し「かえるニュースです‼」と言う。その声に周りの幼児もそちらを見る。保育者「あ，かえるニュースが始まったよ」と言うと，聡が再び「かえるニュースです」とにこにこしている。保育者「今日はどんなニュースですか？」と周りの幼児に聞くと，「オバマ大統領が日本に来ました。一緒に遊びました」と言って笑っている。健太はテレビの人がやりたくなったようで，テレビの枠の向こう側に行き「かえるニュースです‼今日はレスキューファイヤーがテレビでやります」と言う。

〈保育者の考察〉

　4歳児も仲間関係が深まってくると，一人一人の発想をグループのテーマにして遊ぶことができる。保育者の機転で，テレビの枠を一緒に作ったことで何気ない遊びから新しい遊びが生まれた。日頃から仲間同士で楽しく会話しながら遊んでいるので，テレビという素材で改めてニュースという接点で言葉を介した遊びが進んでいった。4歳児もこの時期になると，社会事象にも興味関心が広まり，それを言葉で表現する遊びは4歳児の発達に合った遊びである。

［事例5］「ふしぎなキャンディー屋さんの絵本より」

―――――　12月中旬　―――――

　クラスで「ふしぎなキャンディー屋さん」を読み，お気に入りの絵本となっている。幼児たちは「狼になっちゃうキャンディーね」「大きくなれるキャンディーね」など話し，狼になったり大きくなったりして遊んだ。女児たちが「キャンディー屋さんやろう」とお店屋の台や椅子，広告紙で作ったキャンディーを持ってきて準備を始める。

　そこに孝司，洋介，尚人らが「キャンディーください」とお客になってくる。お店の女児たちは絵本のように「これは△△△になるキャンディーね」と決めてお客に言う姿はなく，「はい，どうぞ」と言って渡すことを楽しんでいる。ところが，お客になって買いに来る孝司らは「これはおなかが減っていくキャンディー」と言いながらごはんを食べに行ったり，「狼になるキャンディー」と狼に変身したりして好きなように自分で決めて遊んでいた。

　3人の男児はそれぞれ思いついたイメージで遊んでいるので，共通のイメージにはなっていない。絵本に出てくる言葉をめいめいが言っているに過ぎない。気づくと，孝司が机の下にもぐっているので，保育者は何かあったのかな？　と思い「孝司くん，どうしたの？」と尋ねると，孝司「だって，僕は白いキャンディーを食べて透明になってるんだもん。だからここに隠れているんだもん」と話す。保育者「そうか。孝司くんは透明

になるキャンディーを食べたんだね。だから透明になって見えないからここに隠れて見えないようにしているんだね」と孝司のイメージを言葉にすると，洋介，尚人「僕も白いキャンディー買ってこよう」と買いに行く。2人は白いキャンディーを食べる真似をして，孝司くんと同じように透明になったイメージで机の下に隠れている。保育者「あれー，孝司くんたちが見えなくなっちゃった。さっきまでここにいたんだけどなー？　どこに行っちゃったのかな？」と3人のイメージに合わせて探すしぐさをすると，3人は顔を見合せながら「やったねー」という様子で嬉しそうにしていた。

〈保育者の考察〉

　4歳児もこの時期になると，絵本の読み聞かせを通してイメージを言葉で表現することを楽しむようになる。絵本の印象に残った言葉や言い回しの面白い言葉など，幼児たちは仲間と同じ言葉を使うことで一緒に遊んでいる実感を持つ。「△△△△になるキャンディー」と言うことが，遊び仲間をつなぐ役割を果たしている。言葉そのものが遊びの重要なカギを担っていることが分かる。

　言葉が先行してしまうと，その遊びと同じイメージでないと，女児たちのようなイメージのずれが生じてしまう。まだ保育者が仲介をしながら，両者のイメージを補う役割を果たす必要がある。

5　自分のイメージを伝えるための手順や表現の仕方が分かる

［事例6］「忍者，何回やるか決めようよ」

　　　　　1月下旬

　　巧を中心に美月，正則，俊也たちは前の週から忍者ごっこを楽しんでいた。

　　週明けの朝から，巧「忍者ごっこしよ。僕，家で作ってきたよ」と広告の裏に書いたものを持ってくる。先週の続きがしたい気持ちが伝わってくる。明成も同じようにやるつもりで，2人でホールにマットを敷き始める。

明　成：「今から忍者の薬作るんだよ」と空箱を探しだす。紙を細かく切りどんどん入れていく。

保育者：「何の薬なの？」

　巧　：「強くなる薬だよ」と教えてくれる。

　巧　：「忍者の看板持っていかないと」と自分で書いてきた紙を思い出
　　　　して持っていく。美月が登園すると，巧「待ってたよー」と声を
　　　　かける。

　巧　：「1時間後に始まりまーす」

美　月：「今6時だから7時からです」

正　則：「早く始めようよ」

　巧　：「誰か入ってほしいな」と周りの幼児に聞こえるようにつぶやく。
　　　　すると近くにいた貴也が「じゃあ，僕入ってあげよーか」と言
　　　　う。巧が「はい，薬飲んで!! 強くなるよ」と薬箱から薬を出して，
　　　　正則に渡す。

　巧　：「赤忍者だよ。僕と一緒だよ」。仲間として認め合えたようである。
　　メンバーが集まり，マットの前に順番に並び，貴也が1番に忍者の呪
　文を唱えるポーズをしながら「にんぽーしゅりけんのじゅつ!!」と言い，
　手裏剣を飛ばす格好をする。他児も同じようにその恰好をする。次に巧
　が「にんぽーそくてんのじゅつ!!」と言うと，皆が側転をする。その後，
　“にんぽーかえるのじゅつ”“にんぽーいぬのじゅつ”“にんぽーさめの
　じゅつ”など次々と広がっていく。巧「ね，ねえ，今度はかくれのじゅつ
　で隠れて見つかったら戦うゲームにする？」と提案する。巧「あー，皆仲
　間決めるよー」と皆に投げかける。

　　しばらくして，巧「タイムアップ!!」「ステージ変える」と言う。皆が
　集まってきて次の場面に変わっていく。美月は紙に書いて看板に貼ってい
　く。

　巧　：「いい看板ができたね。また作ったの？」と聞く。

美　月：「だって，ステージ変わったもん」と自分たちで次々と場面を変
　　　　えて楽しんでいく。

〈保育者の考察〉

　4歳児も1月下旬頃になるといつも遊んでいるメンバーが固定化し，相当突っ込んだ会話をしながら遊びを展開していくようになる。言葉も相手に対する親愛の情を表しながら受け容れ合っている。それだけ言葉を中心にお互いの思いを入れ込んで表現できるようになっていることが分かる。

　遊びに必要なもの（看板など）に文字を書いて貼りつけたりする。文字に対する興味から実際に書いて遊びに利用するようになる。

　呪文を唱えることでその呪文がグループ仲間の意識を高め，新しい発想を提案し，さらなる看板作りへと場面を展開させる役割も担っている。

［事例7］「座る所作りたいんだもん」

── 2月中旬

　奈央「ドーナツ屋さんやろう」と言って，広告紙を丸めて細かく切った紙をつけている。章子も「ドーナツ屋さんに丸くて小さいものもあったよ」と言いながらピンクの紙をかぶせ「いちごドーナツできたよ」と奈央に見せながらいくつかドーナツを作っていった。

　奈央「そうだ，お店も作らなきゃあ」と言って段ボールの家に行き，奈央「ここに積み木持ってこよ」と章子に言う。2人は積み木を積み始めた。章子「もっといっぱいドーナツ作ろう」と言って製作コーナーに行きドーナツを作る。

　そこへ孝実が来て「何やってるの？」と聞く。奈央「こうやってぱらぱらってやってドーナツ作ってるんだよ」とやって見せる。孝実はにっこり笑って「ぼくも作りたい」と言うと広告紙を持ってきて，奈央の作っているのを見ながら作り出す。「今度は大きいのを作ろう」と言いながら大きいドーナツを作る。章子「おいしいドーナツいっぱい作ろうね」と言うと孝実は「これは高いよ」と章子に弾んだ声で言う。

　そんな2人の会話を聞いていた奈央が「そうだ。ドーナツ屋さんの看板作ろうよ」と提案すると，2人とも「いいよ」と賛成する。奈央はすぐに

紙を持ってきてドーナツの絵や人の絵を描いていく。章子，孝実は奈央が描いているのを横で見ている。奈央「これ積み木に貼ろう」と言いながら「これくらいかな？」「章子ちゃん，ここ持ってて」と頼んだりして会話が続く。

奈　央：「ドーナツ何円にする？」

章　子：「10円？」

孝　実：「ねえ，ここ席にしよう」と皿を持ってきて，ままごとコーナーのソファーのあるところに置く。

章　子：「えー，離れたところじゃん」と嫌そうな顔をする。

孝　実：「えー，いいじゃん」と少し怒ったような口調で言う。

章　子：「やだあ」と小さい声で言う。

孝　実：「席があったほうがいいじゃん」

章　子：「やだもん」とお互い怒ったような口調になってきた。

保育者：「どうしたの？」と声をかける。

孝　実：「あそこに席を作りたいのに，章子ちゃんがだめって言う」

保育者：「そうなんだ，席ってどういうところ？」と聞いてみる。

孝　実：「買ったやつをさー，持ってきて食べるところにしたいの」と言う。

保育者：「そうか，ドーナツを座って食べるところが作りたいのね。章子ちゃん，座って食べるところを作りたいみたいだけどだめなの？」と聞く。

章　子：「私も座って食べるところはあったほうがいいけど，あそこは嫌なんだもん」ときっぱり言う。

保育者：「そうか，章子ちゃんも座るところあったほうがいいと思うんだ。どうしてあそこはだめなの？」と再度尋ねる。

章　子：「だってさー，ここでお店してるのに遠いし，くちゃくちゃになってるもん」と言う。

　他児が遊んでいてままごとの道具などが出しっぱなしになっていた。2人の様子を見ていた奈央が「じゃあ，ここにすれば」と言って段ボールを

机に見立て「これにしよ」と言う。孝実「うん，いいよ」と応じて嬉しそうに言う。3人はドーナツを並べたり，お客さんを呼んだりしながら遊びが続いていった。

〈保育者の考察〉

　4歳児も進級頃になると遊びのイメージを形にしながら実現しようとする。そのための方法として，「製作」を通して同じものを作りながら遊びを共有していく。ここでは具体的に看板を作り遊びが展開し始めるが，店の空間作りの場面になると，言葉で自分の考えを出すことで両者の明確な相違点が明らかになった。自分と相手の違いを曖昧なままでなく言葉で伝えようとするが，保育者の仲介を得ながら最後まで伝えることでイメージがはっきりした。

　自分のイメージや考えを言葉で相手に伝えることは容易になっているが，感情をコントロールして相手に自分の考えを表現する力はまだ弱いことが分かる。

3節　5歳児の保育

1　5歳児の指導計画
　5歳児年間指導計画を示す。

	幼児の姿	環境の構成と援助のポイント
皆そろって 11期 4〜5月	○自分がやりたい遊びを気の合った仲間と楽しむ ・年長児になった自覚を持ち，気の合った友達と積極的に行動する ・友達の遊んでいる姿を見て心を動かし，自らの考えを出し合いながら遊ぶ ＊遊び場面で相手の質問に対して，順序を追いながら答えたり，質問したりする ［事例1］［事例2］	・新しい担任や友達との関わりが経験できるように，遊び場面で新しい関係作りを見届けていく ・友達と一緒にすると嬉しいという気持ちを感じられるように，自分の思いや考えを出せる雰囲気作りをする ＊友達関係も互いに分かり合い，相手の気持ちも分かろうとして言葉を選ぶようになるので，十分に時間を与え，幼児なりに答えを出させるようにする

	言葉のねらい	言葉の内容
	○遊び場面で伝えたい内容を相手に分かるような言葉を選ぶようになる	○仕事や遊びの手順などをどの幼児にも丁寧に伝える
	幼児の姿	環境の構成と援助のポイント
友達と考えを出し合い12期6〜8月	○自分なりの目的を持って遊ぶ中で，思いを実現していく ・気の合った数人の友達と自分の気持ちや考えを言ったり，相手の思いを受け入れながら一緒に遊ぼうとする ・友達と共感しながら遊ぶ楽しさを味わい，他のグループとの関わりも持つようになる ＊リーダー的な幼児を中心に遊びや話し合い，トラブルの解決など子どもたちで解決しながら遊びを展開していく［事例3］ ＊話を聞く集中力や理解力が増し，言葉の使い方や疑問を指摘するようになる	・友達の考えに気づき，受け入れていく気持ちが持てるように，幼児の提案を聞こうとしたり，取り入れてやってみるように声をかける ・グループ内でのそれぞれの幼児の言い分や思いを聞きながら，うまく伝わらない気持ちを仲介することで，互いの思いが実現できるようにする ＊それぞれの思いが実現できるような会話ができるように援助していく ＊子どもの言葉に対する関心度の個人差を十分に受け入れて，クラス全体の問題として広げていくようにする
	言葉のねらい	言葉の内容
	○グループで仲間の思いを受け入れながらも主張し合う	○「△△さんはどう思う？」など相手の話に注目する
	幼児の姿	環境の構成と援助のポイント
皆で力を出し合って13期9〜10月	○友達と目的に向かって協力し，挑戦しようとする ・運動会に向けて，友達と共通の目的を持ち取り組もうとする ・遊びを楽しくするために，ルールを確認したり人数を合わせ遊ぶようになる ＊遊びが続かないこともあるが，自分たちで思いを伝え合い解決する ＊ルールのある遊びでは言葉で分かりやすく説明しようとする	・運動会に向けて自分の目標を持ち，グループやクラス全体で協力する姿を認めていく。また友達と共通の目的に向かうことが楽しくなるような環境作りをする ・自信のない子や苦手な子に対して応援し，共に乗り越えられるように仲間意識を持たせる ＊遊びが続かず停滞した時は，個々の意見を出させ解決できるように助言する ＊トラブルが生じても言葉で状況説明ができるように励ましていく
	言葉のねらい	言葉の内容
	○思っていることを言葉を自在に使って，表現する	○相手の気持ちを考えて話す
	幼児の姿	環境の構成と援助のポイント
14期11〜12月	○友達の良さを互いに認めながら，自分の力を発揮して遊ぶ ・友達同士で意見を出し合い互いに話し合って自分たちなりに解決しようとする	・自分の目的，思いがはっきりしてくると一人一人の複雑な思いがぶつかり合うことが出てくる。人の話を聞いて遊びの目的を実現していく姿勢を認めていく

共通の目的を持って14期11〜12月	・友達の姿に刺激されて，自分なりの目的を持って取り組んだり，競い合って遊ぶ ＊仲間と言葉でイメージを共有し，会話を中心に遊びを展開するようになる ＊テーマに沿って，どのメンバーの中でも自分の意見や要求がはっきり主張でき，相手の思いにも気づくようになる［事例4］	・グループの仲間達と共通の目的を持ち，必要に応じて遊び環境を再構成できるようにする ＊グループ内で意見を出し合ったり，受け入れたりしながら折り合いをつけることに気づかせる ＊生活発表会など共同的な活動では，園生活での心が動かされる体験が再現できるテーマ探しを導き出すようにする
	言葉のねらい	言葉の内容
	○自分の考えを相手が理解できるように伝える	○遊びや行事を話し合って進める
それぞれの立場を分かり合って15期1〜3月	幼児の姿	環境の構成と援助のポイント
	○共通の目的に向かって取り組む中で，満足感や充実感を味わう ・自分の力や友達の力が分かって，チームを作って競い合ったり，ルールを作り変えたりして，何日も遊びを続ける ・友達の思いをよく聞こうとしたり，理解しようとしながら，自分たちで解決している ＊グループに分かれて，お互いを認め合って，教え合ったり，反対の意見も言い合い，目的に向かって協力していく［事例5］ ＊修了を前に自分の身近な人にお礼の気持ちを言葉で伝えたり，プレゼントをしたりする	・一人一人の得意なことが生かされ，それぞれの力が発揮され，充実感が持てる関わりをする ・幼児同士で問題を解決していこうとする力を認め，クラス全体の問題として話し合う内容かどうかを見定めていく ＊リーダー的な幼児が中心になって進められていないか見届け，グループですべての幼児の意見が反映されているかどうかを見極める ＊必要に応じて分からない文字などを知るように環境を整える
	言葉のねらい	言葉の内容
	○協同的な活動場面でアイデアを出し合いながら，イメージを共通理解する［事例6］	○テーマや課題に向かって意見を出し合う

2　遊び場面で相手の質問等に順序を追って答えたりする

［事例1］「できないところ，一緒に考えようよ」

　　　　　4月下旬

　美保，裕子，良子は何をする時も一緒という結束力が強い関係である。

3人は朝の支度をすませると，さっそくカラービニールで作ったスカートをはいてショーごっこの準備を始めた。美保がデッキにテープを入れ巻き戻していると……

良　子：「あっ，ねえねえ，舞台作ったらいいんじゃない？」

裕　子：「いいじゃーん」

美　保：「いいよ。でも何で作るの？」

良　子：「積み木は？」

美　保：「でもさ……積み木少ししかないからできないかもよ……」

良　子：「そんじゃあ，なんでやる？　舞台を作りたいんだけど積み木だと少ないから作れないかもしれない」

保育者：「そっか……でもやってみないと分からないよね」

良　子：「そっか……裕子ちゃん，美保ちゃんやってみる？」の提案に承知して積み木を構成して舞台を作っていく。

美　保：「あっ，お客さんの椅子がないじゃん」

良子・裕子：「そーだった，そーだった」

美　保：「5人ずつくらいにしよ」

良　子：「そんじゃー，1番前はもも組さん（年少）で，次はちゅーりっぷさん（年中）で，その次は，ひまわりさん（年長）で大人は1番後ろにしない？　ももさん（年少）見えなくなっちゃうじゃん」の説明に美保，裕子は納得する。

　舞台で3人は動きを目で確認し合いながら踊りを進めているが，良子，裕子は足元を気にしているようである。美保が怒るような言い方で「良子ちゃん，できない，できないばっかで分からないし，今までやってきたことできないじゃん」と言う。

　良子「この舞台はがたがたして危ないし，転んじゃうかもしれないじゃん。それでもやれるって言うの？　美保ちゃんならやれるの？」。この言葉を聞いて，美保は黙り込む。先ほどの勢いに比べ，少しおどおどしているように見えるし，何か考え込んでいる様子である。しばらくして，2人

のやり取りを心配そうに見ていた裕子が口を開いた。裕子「私もこの上，がたがたしてちょっと怖かったし……できないところ一緒に考えようよ」と美保の顔を覗き込みながら，やさしく語りかけるように言う。3人は葛藤しながらも，美保の「なら，教材室とか探しに行く？」の提案を受け入れ，そろって教材室に笑いながら向かっていった。

〈保育者の考察〉

　5歳児の仲間関係はお互いに分かり合いながらも，それぞれの個性を出し切っていく。特に言葉により自分の考えを相手に伝え，なおかつ相手の思いも受け入れようとするので心の葛藤の声までも表現してしまい，感情的なトラブルに発展しがちである。

5歳児「グループ皆でお話作りから話し合ってきたよ」「皆で考えるとステキな劇になるね」

　5歳児は相手に提案，質問，応答という形を取りながら会話の手順が進められるようになる。できるだけ幼児同士の解決法を見届けながら援助するタイミングを探す必要がある。

［事例2］「うーん。やっぱりそっちのほうがいいね」

　　　　　5月下旬

　七夕会で気の合う仲間のグループに分かれ発表することにする。体操ショーをすることにした明，剛志，俊介，広大はマットを敷き側転・前転をするということは共通になっている。ただどのように側転・前転をするかについては共通になっていない部分がある。保育者は話し合う機会を持つように促し，様子を見守ることにする。

　　明　：「側転で出てこようよ」

　剛　志：「走って側転で出てきたい」

　　明　：「走ってやったら向こうまで行っちゃうじゃん」

俊　介：「走らないほうがいいよ」と思い思いに言っていく。

　　その会話を聞きながら，腕組みをしていた広大は「あっちとこっちから
せーので側転して出てきたら？」と身振り手振りで言う。俊介「いいねー」，
明，剛志「えー」とそれぞれ反応していく。

　　保育者はいろいろな場面で明，剛志の思いが中心で進んでいくことが気
にかかっていたので「先生は広大くんの考えがいいと思うなー」と口を挟
む。俊介「やってみようよ」と明，剛志に一押しする。明の「せーの」に
合わせ，内側に向かって側転する。それを聞いて広大はにんまりしている。

剛　志：「なんかぐちゃぐちゃするよ」

　　明　：「あと，上靴が当たりそうになって危なかった」「やっぱり，こっ
　　　　　ちから順番でしようよ」と提案する。

俊介・広大：「そうしよう」「うーん。やっぱりそっちのほうがいいね」と
　　　　　受け入れる。

〈保育者の考察〉

　　気の合うメンバーでも自由な遊びのイメージではなく，「七夕会」という決
められた枠の中で，1つのイメージに向かって遊びを進めていくのは難しいも
のである。しかし5歳児になると自分の意見をはっきり伝え，相手の意見に
対する反対意見をも意識して伝えようとする。

　　話し合いという形がとれるようになるので，時間経過とともに相手の意見
を受け入れるゆとりが生まれてくる。つまり会話をする中で，感情のコント
ロールが可能になっていくことの表れである。

3　リーダー的な幼児を中心に話し合い，トラブルを解決していく

［事例3］「できないところ，一緒に考えようよ」

─── 7月中旬 ───

　　8月27日の「なつまつり」を計画していて，当日の踊りショーについ

て話し合いをした。瞳，瑠璃子，多恵，恵子がカセットを覗き込んで「これ，これにしよ。さくらんぼ」と言いながら決める。さっそく曲をかけて踊りだす。

瞳　　：「ばらばらじゃん」

多　恵：「なら，恵子ちゃんの真似して踊ればいいもんねー」

瞳　　：「えー，何で恵子ちゃんの真似して踊るの？　どうやるか分からんじゃん」

恵　子：「私の見て，皆が真似して踊ればいいじゃん」

瞳　　：「何で恵子ちゃんの真似しやなあかんの。すぐに威張るんだから」

恵　子：「別に威張ってなんかいないわ」と怒り出す。

瞳　　：「えー，もうやっぱりやめるわ。いつもこうなんだから」と言い，踊るのをやめて離れて座り込む。

恵　子：「すぐ，怒るもんね」と多恵に同意を求めながら，1人でいろいろと動きを考えながら踊っていく。

　しばらく険悪な雰囲気が流れるが寄り添う気配はない。一緒にやろうとして集まった仲間なので，一緒に進めていってほしいと思い，保育者が仲介をする。しかし，一緒に踊り方を確認しながら決めていく経験がないようなので，メンバーたちと動きながら聞き取っていく。そのうち恵子「ねえねえ，名前決めない？」と提案する。「うん，いいねー」と全員一致していろいろな名前を言い始める。プリティー・スカイと決まり，「今からプリティー・スカイの踊りショーを始めます。みなさんどうぞー」と手招きする。

恵　子：「ねー，なんか曲があるといいよねー」の提案に応じていく。

他　児：「うん，そうだね」「ねー，もう1回やろうよ」「ほんと，なんか楽しくなってきたよ」と会話が弾んでいる。

〈保育者の考察〉

　今回は夏祭りの行事を通して，やりたい踊りショーを作り上げていくわけで

ある。互いに人間関係が深いわけではないので，感情的なすれ違いが生じてしまう。5歳児は遊びなどを説明することは淡々と言葉で進めていくが，自分の思いや相手との関係で微妙な部分はうまく表現できないまま逃げてしまうことがある。保育者が補うことで，感情的な部分も言葉で出させグループでの活動へと導いていくことが大切である。

　感情的なトラブルもありながら，1人が提案した新しい発想に対して同意する言葉をはっきりと言い，他児も応じていく姿が見られる。言葉の持つ役割が大きいと考えられる。

4　テーマに沿って自分の意見を主張し，相手の思いにも気づく

［事例4］「僕のことちっとも考えてくれないじゃん」

── 11月中旬

　健太は登園するとすぐ「なぞなぞ学校を作ろう」とマットを運んだりベンチ，机，椅子なども用意している。真治，優人，篤朗，宏樹，大信もやってきて学校ごっこが始まる。優人が先生役になり「今から問題言うよ。分かったら手を挙げてね」と進めている。真治「キンコーン，カーンコーン」とチャイムを鳴らす。優人「これで1時間目はおわりー。次はドッジボールだ」とそれぞれが動き出す。しばらくして優人と真治が喧嘩になった。近くにいた健太に聞くと「あのね，真治くんがコートの線をかいてて，最初かいたのは小さかったからかき直してたんだ。で，かいてる途中なのに，優人くんがやるぞって試合始めちゃったから，真治くんが怒ってるんだよ」と詳しく説明する。

保育者：「そうだったんだ。2人で話できるかなあ？　結構長く話してる
　　　　　よね。やっぱり心配だから見に行こうかな」と言うと，

健　太：「うん。おれもさっき行ったけどいいって言うから……」と話す。
　　　　　2人のところに行く。

保育者：「なんか困ったことになったの？　少し健太くんから聞いたけど」
　　　　　と尋ねる。

真　治：「だってさー，僕がコートの線かいてる途中だったのに，優人く
　　　　　んが勝手に試合始めちゃってさー。そしたら皆もやって，僕だけ
　　　　　線かいとるんだもん」とまくし立てるように言う。優人は黙った
　　　　　まま真治を見る。

真　治：「待ってて，って言ってるのに聞いてくれなくってさ，だから嫌
　　　　　な気持ちになったんだよ」と優人に言う。

保育者：「真治くんは待っててって何回も言ってたんだ。何で待ってくれ
　　　　　なかったのかな？」と聞くと，真治「さっき聞いたら，聞こえな
　　　　　かったって」と言う。すかさず，

健　太：「聞こえんかったことはないよ。大きい声で言ってたし。近くま
　　　　　で言いに行ったりだってしたもん」

真　治：「うん。そうだよ。なのに，返事もしてくれなくてさー」と言う。
　　　　　優人は黙っている。

健　太：「おれはさ，真治くんが待っててと言ってるの知ってて，でも優
　　　　　人くんがやるぞーって言うから1回始めちゃったんだけど，でも
　　　　　真治くんが悲しそうだったから，やっぱり真治くんのところに
　　　　　行ったりしてたんだもん」と説明する。

真　治：「うん。健太くんは僕のことを気にしてくれてたもの。でも優人
　　　　　くんはぜんぜん気にしてくれてないじゃん」。優人は真治から顔
　　　　　をそらしたりせず，じっと聞いている。

真　治：「今日だけじゃなくて，前もそうだったよ。でも前は我慢したん
　　　　　だよ。喧嘩するとドッジボールができなくて終わっちゃうし」と

　　　過去にさかのぼって言い始める。保育者は優人が何か言うかと
　　　待っていたが口を開かない。

保育者：「分かった。真治くんは怒っているけど，優人くんに分かってほ
　　　しいんだよね。何が嫌とか，真治くんが思ってることとかね」と
　　　仲介する。

優　人：「本当は聞こえてたけど，早くやりたくてやっちゃった」

真　治：「でも僕は聞いててほしかったよ」

優　人：「うん……聞いてて分かった。今度から，そうするよ。ごめんな」
　　　と言う。

保育者：「さっき，真治くんは喧嘩するとドッヂボールができなくて終わっ
　　　ちゃう，って言ってたけど，話したから真治くんの気持ち分かっ
　　　てもらえたよね。我慢したまま遊ぶより気持ちいいよね」という
　　　言葉に2人はにっこりする。

〈保育者の考察〉

　今まではいろいろな思いを持ちながらも相手の思いや周りのことを優先し
て遊んできたが，相手の言うことを聞くことばかりではなく，本当の自分の
考えをはっきりと言葉で主張したいと考えるようになった。当事者だけではな
く，周辺にいる直接ではないが関わっている幼児が，客観的に両者の間に入り
判断した内容を説明している。状況把握ができ，感情を交えずに説明する点は
年長児としての発達を感じる。

　保育者が解決するのではなく，相手が話しやすい雰囲気作りと引き出し方が，
幼児の話したいという気持ちを点火させている。この時期には保育者が答えを
出すのではなく，自分と相手との関係を客観的に見つめる示唆が大事である。

［事例5］「友香ちゃんは，きっとやれるから大丈夫だよ」
　　　　　　1月中旬
　　1月の誕生会は年長児が何かしてあげようということになり，クラスの

皆でどんなことをすると小さい子たちが喜んでくれるかを話し合うことになった。世那はペープサートがやりたくて，家に帰ってもそのことを考え，紙にいろいろなお話の名前を書いてきたり，一緒にやる仲間を集めたりととても意欲的である。

　ペープサートをやりたいと集まった彩野，美菜穂，友香，亜紀と一緒に世那が家から持ってきた6枚のかわいいメモ用紙を見ている。皆で決めた「白雪姫」のストーリーを書いてきた。世那「このほうが，皆がよく分かるかと思って」と言う。彩野は大きな紙を持ってきて「この紙に書いておくとよく分かるでしょ」とメモを見ながら鉛筆で書いていく。「忘れた時にこれを見ればいいでしょ」と言う。すでに自分たちで役決めをしたり，ペープサートも作ってあり，ままごとコーナーの間仕切りを使って場ができ，皆でやっている。

　友香の出番のところで止まってしまった。友香は鏡とお妃を舞台に出しているが下を向いている。周りの子も戸惑い心配そうに声をかけている。
世　那：「友香ちゃんどうしたの？　恥ずかしいの？」
亜　紀：「どうしちゃったのかな？　これじゃ進まないねー」と困ったように言う。
彩　野：「友香ちゃん，分からないかもしれないから私たちの見てて，そうするとやれるよ」と覗き込んで言う。皆がハアーとため息をついているので，
保育者：「友香ちゃん皆が困っているよね。5人が力を合わせないとできないよね」と言うと，
世　那：「友香ちゃんはきっとやれるから大丈夫だと思うよ」と力強く言い切った。

　その後「人形劇はどれくらい進んだ？」と聞くと，世那「あのね，1回は最後までやれたよ。友香ちゃんも小さい声だったけど言えたよ」と言う。保育者は「友香ちゃん，どうして言えなくなっちゃったのかな？　恥ずかしい？」と少し気持ちをはっきりさせられるように聞くと，友香「うん」

とうなずいた。それを聞いていた別のグループだが，心配していた奈美が「友香ちゃん発表会の時，とっても上手にやれてたよ。亜紀ちゃんとにこにこでやれてたよ」と励ますように言う。

亜　紀：「友香ちゃん，人形劇は顔が見えないから恥ずかしくないよ」と言う。

美菜穂：「劇の時は見えるけど友香ちゃんは大きい声でやれてたよね」と同意を求めるように言う。

　世那は紙を持ってきて何やら書き始めた。「友香ちゃんがよく分かるように，言うところを書いてあげてるの」と言う。

〈保育者の考察〉

　5歳児は自分たちで目的を持って遊びを作り上げていくことができる。

　白雪姫のペープサートのストーリーを文字にして家で脚本のように書いてくる。年長児は文字を自由に書いたりするが，自分のためというより仲間のために文字を利用するようになる。セリフも自分たちで自由に表現できる。

　相手に対する言葉の使い方が，自分の感情や心情を入れ込んで伝えるようになる。また，遊びの中で落ち込んでいる幼児に対して，まるで大人のように思いを言葉に乗せて心情豊かに伝えることもできる。

　幼児はストーリーのある絵本などの教材を柔軟に遊びに取り入れて，自由に遊びの幅を広げていくことが可能である。また，5歳児は自分だけのために書くのではなく，皆が見て困らないようになど，仲間に対する思いやりが根底に見られるのが大きな特徴である。

［事例6］「皆でイメージを言葉に表しながらストーリーを創作する」

　　　1月中旬

　美緒，美夕鶴，亜紀，敦子，朋子はごっこ遊びが大好きでお話の本作りを始めていく。タイトルは「ことりとねこ」である。

　　1の巻『かっていたうさぎとりすをすてました。りすはさきにすて

られて，じぶんひとりでおうちをつくりました。うさぎがもりのなか
をあるいていたらりすのおうちをみつけました。「りすさーん，そこに
ずっととまらせて。なんでもはたらいてあげるから。りすさんのすき
なものをぜんぶつくってあげるから」。りすさんは「いいよ」っていい
ました。うさぎは「じゃあぼくがおかいものにいってくるからね」と
いいました』

　2の巻　『おかいものにいったらねことあいました。うさぎ「りすさ
んのおうちにくれば。ねこさんのすきなものをぜんぶつくってあげる
よ」といいました。ねこ「ありがとう。いっしょについていくよ」と
いいました。おうちにかえってからうさぎが「あっ，おかいものわす
れてた」といいました。リスが「なんで」ってききました。うさぎ「ね
こさんとあっておうちおしえてあげたからおそくなっちゃったの」と
いいました。りす「じゃあもういっかいいってきて」「こんどはわすれ
ないで」といいました』

　3の巻　『うさぎはかいものにいきました。りすはきのみをかいます。
ねこはさかなをかいます』

　4・5の巻（省略）

　6の巻　『あさになりました。うさぎはおそくまでおきていたのでね
ぼうしました。みんなが「うさぎさんはやくおきてよ」といいました。
うさぎは「あーあーおそくねたからもっとねかせてよ」「とりさんとい
ぬがあそびにきてるよ。だからはやくおきてよ」といいました』

　7・8・の巻（省略）

　9の巻『そこで，ねこははしってかえりました。うさぎはしかたなく
ねこのくつをはきました。とちゅうででであって，ねこは「うさぎさん
ごめんね。まちがえてはいちゃったの」といいました。うさぎは「な
んだ，ねこさんがはいたのか。どろぼうかとおもった」といいました』

劇の本ができあがると遊びが始まる。7の巻では全員遊戯室の舞台に登

場する。小鳥，犬，りす，猫がうさぎにご馳走を作ってもらって食べるシーンは一人一人が思い思いにしゃべっている。「チュチュ，おいしいね」「私は木の実じゃない」「替えてあげるよ」「もう食べたの」「早いなー」とにぎやかな雰囲気である。「遊びに行ってくるよー」の一声で，8の巻に移っていく。一通りストーリーが展開した後，「小鳥さんはいいなー。羽根があるから」と言う。また新しいイメージを言葉にしながら次の場面を展開していくようである。

〈保育者の考察〉

　5歳児はグループ全員に今までの遊びの経験の蓄積があり，自由な会話の中で誰が遊びの提案をしても同意してすぐ，遊びを展開していく力が育っている。既製のストーリーはもちろんのこと，自分たちでごっこ遊びや日常の体験を入れ込んだ「絵本作り」をしていく。今回は保育者が代筆する形をとった。それはどんどんイメージがあふれてくるので幼児が書いていると間に合わないことに気づき保育者が言葉を拾い上げていった。

　言葉がイメージする内容を全員がすぐ共有できるから，動作になって表現活動へと結びついてくる。幼児のいろいろな文化的な財産が自由な遊び場面で生かされていることを強く感じた。

4節　指導計画月週案の例

1　3歳児週案（6月3週）

	第3週　（6月19日〜4月24日）					
先週の子どもの姿	・保育者や友達のしていることに興味を持って見ているだけで，直接参加しない子どももいる。 ・遊び道具や物に対するトラブルが見られ，泣いている子や手が出てしまう子がいる。			週のねらいと内容	・保育者や友達の遊びをそばでじっと見たり，真似をしてみたりして自分なりにやってみようとする。 ・自分の思いを安心できる相手に伝えてみようとする。 ＊いろいろな役になりきって，ごっこ遊びを楽しむ。 ＊様々な材料を使って試したり作ったりする。		
	19日（月）	20日（火）	21日（水）	22日（木）	23日（金）	24日（土）
行事				身体計測		保護者会
予想される活動	・保育者や同じ場にいる友達のしていることや持っている物，身に着けている物に興味を持ち，自分もしてみようとする。 ・お気に入りの物を探して，積木，ままごと，粘土，ブロック，砂遊びなどを楽しむ。 ・雨の日の過ごし方を知り，雨上がりの戸外で梅雨期の季節を感じる。 ・プール・水遊びなどで保育者と一緒に水に触れることを楽しむ。 ・身体計測に取り組む。 ・ミニトマトやプランターで栽培している野菜などの目に見える成長を喜び，水やりなどを意欲的にする。			保育者の援助・環境構成	・集まって遊べる場を構成したり，遊具の数に配慮し，友達と同じ物を身に着けたり同じ動きができるようにする。 ・遊具の取り合いや順番待ちなどのトラブルが起きた時は，互いの気持ちを十分に受け止め，気持ちを代弁したり，順番に使うなど生活面でのルールを知らせたりしていく。 ・梅雨の時期の過ごし方をペープサートや紙芝居を見せたりして，分かりやすく伝えていく。 ・保育者と一緒にプール遊びや水遊びをすることで，安心して水に触れ，心地よさを感じるようにする。水に対する抵抗感のある子どもは無理強いのないように気をつける。 ・子どもの健康状態について連絡を密に取り合い，初めてのプール遊びや水遊びに留意する。 ・栽培している野菜の成長の気づきに共感したり，保育者が変化を言葉で知らせていく。		
備考	・七夕制作の準備　・誕生会の準備　・プール指導の打合せ ・雨の日のゲームの教材点検　・保護者会の打ち合わせ					

2 4歳児週案（4月3週）

	第3週 （4月17日～4月22日）			週のねらいと内容	・自分の気に入った遊具や場を見つけて遊ぶ。 ・身近な材料や用具に触れながら，保育者や友達と遊ぶことを楽しむ。 ＊保育者や友達のしていることに興味を持ちやってみようとする。 ＊自分の好きな道具や遊具を見つけて遊ぶ。		
先週の子どもの姿	・新入園児のA子は進級児の楽しい遊びに興味を持っているが，保育者が参加していると近寄っていつの間にか参加している。 ・進級児は自分のお気に入りの遊び空間を探したり，囲ったりして好きな遊びをする。						
	17日（月）	18日（火）	19日（水）	20日（木）	21日（金）	22日（土）
行事				身体計測		保護者会

		保育者の援助・環境構成	
予想される活動	・年少児に楽しんでいたごっこ遊びを気の合った友達と再現し，安定して遊ぶ中で，新しい材料や用具を使おうとする。 ・新入園児は緊張や不安感を感じ，遊びに参加せずに，興味ある遊びや気になる子どもを見ていたり，安定する場を探したりする。また保育者が遊んでいる場に来て一緒に遊んだり真似をしたりする。 ・戸外で友達や保育者と十分に体を動かし，心を解放して遊ぶ。 ・個人のこいのぼりを用意された材料で友達と確かめ合いながら描いたり作ったりする。 ・身体計測に取り組む。 ・保護者会で親子遊びを楽しむ。		・進級という環境の変化で，年少児の友達関係がどのように変化しているか，微妙な関係性を見届ける。また4歳児の保育室など材料や用具の扱い方を知らせたりする。 ・特に進入園児は意識して声をかけ保育者と一緒に参加したり，安心して遊ぶ場作りを手伝う。 ・保育者も率先して戸外で遊具を使って身体を動かすことで，心地よさを子どもと共に味わう。 ・こいのぼり制作コーナーは，やりたい時にできるようにしておき，友達と一緒にできるように場の広さを自在に変えるようにする。 ・安心して取り組めるように事前に手順を伝えておく。 ・みんなと一緒に動いたりできる楽しさを感じられるように簡単な遊びを知らせる。

備考	・こいのぼり制作の準備　・誕生会の準備 ・雨の日のゲームの教材点検　・保護者会の打ち合わせ

3　5歳児週案（11月3週）

	第3週　（11月19日～11月24日）					
先週の子どもの姿	・自然に触れ，互いに発見したことや感じたことを子ども同士で伝え合い，自然物を使った遊びを楽しんでいる。 ・クラス全体でドッジボールなど体を動かしたり協力して遊んでいる。			週のねらいと内容	・身近な自然に触れながら秋から冬へ季節の変化を感じる。 ・戸外で身体を十分動かして，ルールのある遊びを楽しむ。 ・作品展に向けて，グループやクラス全体で協力して取り組み達成感を味わう。 ＊グループやクラスの友達と作品展に意欲的に取り組み，ルールのある鬼遊びやドッジボールなどに参加する。	
	19日（月）	20日（火）	21日（水）	22日（木）	23日（金）	24日（土）
行事	園外散歩			身体計測	勤労感謝の日	作品展
予想される活動	・園外散歩に出かける。 ・作品展に向けて話し合ったり，グループで手順や準備などを相談しながら進めていく。 ・お家の人に見てもらうために，自分なりの作品の見出しやプロセスを提示する文面を考える。 ・戸外でドッジボールやリレー，鬼遊びなど仲間を集めて，勝敗を競うことを楽しむ。			保育者の援助・環境構成	・年中児をリードする歩き方を確認し，秋の深まりを味わせるように，つぶやきや発見を受け止める。 ・一人一人が自分の思いや考えを友達に伝え合う姿を大切に受け止める。またうまく伝えられない子どもには，自分の考えを出し合えるように援助する。 ・テーマに必要な材料を聞き取り，自分たちのイメージに近づけるための話し合いを十分持たせ，またいろいろな用具や材料を準備する。道具の使い方や性質，大きさ，量，組み合わせなど考えて使えるよう工夫させる。 ・戸外でのルールのある遊びでのトラブルは，思いや上手くいかない葛藤を聞き取り，ルールを確認したり互いの思いを伝え合うようにする。 ・体を動かすことが苦手な子どもにも参加する機会をとらえて，自信を持たせるようにする。	
備考	・作品展の準備，家庭連絡への打合せ　・園外散歩の打合せ（年中クラス） ・就学時検診への打合せ					

引用・参考文献

大久保愛・長沢邦子　保育言葉の実際　建帛社　2008

資　料

幼稚園教育要領より「言葉」関係部分抜粋
（2017（平成 29）年 3 月 31 日告示）

第 2 章　ねらい及び内容

言葉

経験したことや考えたことなどを自分なりの言葉で表現し，相手の話す言葉を聞こうとする意欲や態度を育て，言葉に対する感覚や言葉で表現する力を養う。

1　ねらい

(1)　自分の気持ちを言葉で表現する楽しさを味わう。

(2)　人の言葉や話などをよく聞き，自分の経験したことや考えたことを話し，伝え合う喜びを味わう。

(3)　日常生活に必要な言葉が分かるようになるとともに，絵本や物語などに親しみ，言葉に対する感覚を豊かにし，先生や友達と心を通わせる。

2　内　容

(1)　先生や友達の言葉や話に興味や関心をもち，親しみをもって聞いたり，話したりする。

(2)　したり，見たり，聞いたり，感じたり，考えたりなどしたことを自分なりに言葉で表現する。

(3)　したいこと，してほしいことを言葉で表現したり，分からないことを尋ねたりする。

(4)　人の話を注意して聞き，相手に分かるように話す。

(5)　生活の中で必要な言葉が分かり，使う。

(6)　親しみをもって日常の挨拶をする。

(7)　生活の中で言葉の楽しさや美しさに気付く。

(8)　いろいろな体験を通じてイメージや言葉を豊かにする。

(9)　絵本や物語などに親しみ，興味をもって聞き，想像をする楽しさを味わう。

(10)　日常生活の中で，文字などで伝える楽しさを味わう。

3　内容の取扱い

上記の取扱いに当たっては，次の事項に留意する必要がある。

(1)　言葉は，身近な人に親しみをもって接し，自分の感情や意志などを伝え，それに相手が応答し，その言葉を聞くことを通して次第に獲得されていくものであることを考慮して，幼児が教師や他の幼児と関わることにより心を動かされるような体験をし，言葉を交わす喜びを味わえるようにすること。

(2)　幼児が自分の思いを言葉で伝えるとともに，教師や他の幼児などの話を興味をもって注意して聞くことを通して次第に話を理解するようになっていき，言葉による伝え合いができるようにすること。

(3)　絵本や物語などで，その内容と自分の経験とを結び付けたり，想像を巡らせたりするなど，楽しみを十分に味わうことによって，次第に豊かなイメージをもち，言葉に対する感覚が養われるようにすること。

(4)　幼児が生活の中で，言葉の響きやリズム，新しい言葉や表現などに触れ，これらを使う楽しさを味わえるようにすること。その際，絵本や物語に親しんだり，言葉遊びなどをしたりすることを通して，言葉が豊かになるようにすること。

(5)　幼児が日常生活の中で，文字などを使いながら思ったことや考えたことを伝える喜びや楽しさを味わい，文字に対する興味や関心をもつようにすること。

保育所保育指針より「言葉」関係部分抜粋

（2017（平成29）年3月31日告示）

第2章　保育の内容

1　乳児保育に関わるねらい及び内容

(2)　ねらい及び内容

　　イ　身近な人と気持ちが通じ合う

　　　受容的・応答的な関わりの下で，何かを伝えようとする意欲や身近な大人との信頼関係を育て，人と関わる力の基盤を培う。

　　(ア)　ねらい

　　　①　安心できる関係の下で，身近な人と共に過ごす喜びを感じる。

　　② 体の動きや表情，発声等により，保育士等との気持ちを通わ
　　　せようとする。

　　③ 身近な人と親しみ，関わりを深め，愛情や信頼感が芽生える。

　(イ) 内容

　　① 子どもからの働きかけを踏まえた，応答的な触れ合いや言葉
　　　がけによって，欲求が満たされ，安定感をもって過ごす。

　　② 体の動きや表情，発声，喃(なん)語等を優しく受け止めてもらい，
　　　保育士等とのやり取りを楽しむ。

　　③ 生活や遊びの中で，自分の身近な人の存在に気付き，親しみ
　　　の気持ちを表す。

　　④ 保育士等による語りかけや歌いかけ，発声や喃(なん)語等への応答
　　　を通じて，言葉の理解や発語の意欲が育つ。

　　⑤ 温かく，受容的な関わりを通じて，自分を肯定する気持ちが
　　　芽生える。

　(ウ) 内容の取扱い

　　上記の取扱いに当たっては，次の事項に留意する必要がある。

　　① 保育士等との信頼関係に支えられて生活を確立していくこと
　　　が人と関わる基盤となることを考慮して，子どもの多様な感情
　　　を受け止め，温かく受容的・応答的に関わり，一人一人に応じ
　　　た適切な援助を行うようにすること。

　　② 身近な人に親しみをもって接し，自分の感情などを表し，そ
　　　れに相手が応答する言葉を聞くことを通して，次第に言葉が獲
　　　得されていくことを考慮して，楽しい雰囲気の中での保育士等
　　　との関わり合いを大切にし，ゆっくりと優しく話しかけるなど，
　　　積極的に言葉のやり取りを楽しむことができるようにすること。

2　1歳以上3歳未満児の保育に関わるねらい及び内容

　(2)　ねらい及び内容

　　エ　言葉

　　　経験したことや考えたことなどを自分なりの言葉で表現し，相手
　　の話す言葉を聞こうとする意欲や態度を育て，言葉に対する感覚や
　　言葉で表現する力を養う。

　　(ア)　ねらい

① 言葉遊びや言葉で表現する楽しさを感じる。

② 人の言葉や話などを聞き，自分でも思ったことを伝えようとする。

③ 絵本や物語等に親しむとともに，言葉のやり取りを通じて身近な人と気持ちを通わせる。

(イ) 内容

① 保育士等の応答的な関わりや話しかけにより，自ら言葉を使おうとする。

② 生活に必要な簡単な言葉に気付き，聞き分ける。

③ 親しみをもって日常の挨拶に応じる。

④ 絵本や紙芝居を楽しみ，簡単な言葉を繰り返したり，模倣をしたりして遊ぶ。

⑤ 保育士等とごっこ遊びをする中で，言葉のやり取りを楽しむ。

⑥ 保育士等を仲立ちとして，生活や遊びの中で友達との言葉のやり取りを楽しむ。

⑦ 保育士等や友達の言葉や話に興味や関心をもって，聞いたり，話したりする。

(ウ) 内容の取扱い

上記の取扱いに当たっては，次の事項に留意する必要がある。

① 身近な人に親しみをもって接し，自分の感情などを伝え，それに相手が応答し，その言葉を聞くことを通して，次第に言葉が獲得されていくものであることを考慮して，楽しい雰囲気の中で保育士等との言葉のやり取りができるようにすること。

② 子どもが自分の思いを言葉で伝えるとともに，他の子どもの話などを聞くことを通して，次第に話を理解し，言葉による伝え合いができるようになるよう，気持ちや経験等の言語化を行うことを援助するなど，子ども同士の関わりの仲立ちを行うようにすること。

③ この時期は，片言から，二語文，ごっこ遊びでのやり取りができる程度へと，大きく言葉の習得が進む時期であることから，それぞれの子どもの発達の状況に応じて，遊びや関わりの工夫など，保育の内容を適切に展開することが必要であること。

3 3歳以上児の保育に関わるねらい及び内容

(2) ねらい及び内容

エ 言葉

経験したことや考えたことなどを自分なりの言葉で表現し，相手の話す言葉を聞こうとする意欲や態度を育て，言葉に対する感覚や言葉で表現する力を養う。

(ア) ねらい

① 自分の気持ちを言葉で表現する楽しさを味わう。

② 人の言葉や話などをよく聞き，自分の経験したことや考えたことを話し，伝え合う喜びを味わう。

③ 日常生活に必要な言葉が分かるようになるとともに，絵本や物語などに親しみ，言葉に対する感覚を豊かにし，保育士等や友達と心を通わせる。

(イ) 内容

① 保育士等や友達の言葉や話に興味や関心をもち，親しみをもって聞いたり，話したりする。

② したり，見たり，聞いたり，感じたり，考えたりなどしたことを自分なりに言葉で表現する。

③ したいこと，してほしいことを言葉で表現したり，分からないことを尋ねたりする。

④ 人の話を注意して聞き，相手に分かるように話す。

⑤ 生活の中で必要な言葉が分かり，使う。

⑥ 親しみをもって日常の挨拶をする。

⑦ 生活の中で言葉の楽しさや美しさに気付く。

⑧ いろいろな体験を通じてイメージや言葉を豊かにする。

⑨ 絵本や物語などに親しみ，興味をもって聞き，想像する楽しさを味わう。

⑩ 日常生活の中で，文字など伝える楽しさを味わう。

(ウ) 内容の取扱い

上記の取扱いに当たっては，次の事項に留意する必要がある。

① 言葉は，身近な人に親しみをもって接し，自分の感情や意志などを伝え，それに相手が応答し，その言葉を聞くことを通し

て次第に獲得されていくものであることを考慮して，子どもが
保育士等や他の子どもと関わることにより心を動かされるよう
な体験をし，言葉を交わす喜びを味わえるようにすること。
②　子どもが自分の思いを言葉で伝えるとともに，保育士等や他
の子どもなどの話を興味をもって注意して聞くことを通して次
第に話を理解するようになっていき，言葉による伝え合いがで
きるようにすること。
③　絵本や物語などで，その内容と自分の経験とを結び付けたり，
想像を巡らせたりするなど，楽しみを十分に味わうことによっ
て，次第に豊かなイメージをもち，言葉に対する感覚が養われ
るようにすること。
④　子どもが生活の中で，言葉の響きやリズム，新しい言葉や表
現などに触れ，これらを使う楽しさを味わえるようにすること。
その際，絵本や物語に親しんだり，言葉遊びなどをしたりする
ことを通して，言葉が豊かになるようにすること。
⑤　子どもが日常生活の中で，文字などを使いながら思ったこと
や考えたことを伝える喜びや楽しさを味わい，文字に対する興
味や関心をもつようにすること。

幼保連携型認定こども園教育・保育要領より「言葉」関係部分抜粋

(2017（平成29）年3月31日告示)

第2章　ねらい及び内容並びに配慮事項

第1　乳児期の園児の保育に関するねらい及び内容
ねらい及び内容
身近な人と気持ちが通じ合う
> 受容的・応答的な関わりの下で，何かを伝えようとする意欲や身近
> な大人との信頼関係を育て，人と関わる力の基盤を培う。

1　ねらい
(1)　安心できる関係の下で，身近な人と共に過ごす喜びを感じる。

(2) 体の動きや表情，発声等により，保育教諭等との気持ちを通わせようとする。

(3) 身近な人と親しみ，関わりを深め，愛情や信頼感が芽生える。

2 内容

(1) 園児からの働き掛けを踏まえた，応答的な触れ合いや言葉掛けによって，欲求が満たされ，安定感をもって過ごす。

(2) 体の動きや表情，発声，喃語等を優しく受け止めてもらい，保育教諭等とのやり取りを楽しむ。

(3) 生活や遊びの中で，自分の身近な人の存在に気付き，親しみの気持ちを表す。

(4) 保育教諭等による語り掛けや歌い掛け，発声や喃語等への応答を通じて，言葉の理解や発語の意欲が育つ。

(5) 温かく，受容的な関わりを通じて，自分を肯定する気持ちが芽生える。

3 内容の取扱い

上記の取扱いに当たっては，次の事項に留意する必要がある。

(1) 保育教諭等との信頼関係に支えられて生活を確立していくことが人と関わる基盤となることを考慮して，園児の多様な感情を受け止め，温かく受容的・応答的に関わり，一人一人に応じた適切な援助を行うようにすること。

(2) 身近な人に親しみをもって接し，自分の感情などを表し，それに相手が応答する言葉を聞くことを通して，次第に言葉が獲得されていくことを考慮して，楽しい雰囲気の中での保育教諭等との関わり合いを大切にし，ゆっくりと優しく話し掛けるなど，積極的に言葉のやり取りを楽しむことができるようにすること。

第2 満1歳以上3歳未満の園児の保育に関するねらい及び内容
ねらい及び内容
言葉

経験したことや考えたことなどを自分なりの言葉で表現し，相手の話す言葉を聞こうとする意欲や態度を育て，言葉に対する感覚や言葉で表現する力を養う。

1　ねらい

(1)　言葉遊びや言葉で表現する楽しさを感じる。

(2)　人の言葉や話などを聞き，自分でも思ったことを伝えようとする。

(3)　絵本や物語等に親しむとともに，言葉のやり取りを通じて身近な人と気持ちを通わせる。

2　内容

(1)　保育教諭等の応答的な関わりや話し掛けにより，自ら言葉を使おうとする。

(2)　生活に必要な簡単な言葉に気付き，聞き分ける。

(3)　親しみをもって日常の挨拶に応じる。

(4)　絵本や紙芝居を楽しみ，簡単な言葉を繰り返したり，模倣をしたりして遊ぶ。

(5)　保育教諭等とごっこ遊びをする中で，言葉のやり取りを楽しむ。

(6)　保育教諭等を仲立ちとして，生活や遊びの中で友達との言葉のやり取りを楽しむ。

(7)　保育教諭等や友達の言葉や話に興味や関心をもって，聞いたり，話したりする。

3　内容の取扱い

上記の取扱いに当たっては，次の事項に留意する必要がある。

(1)　身近な人に親しみをもって接し，自分の感情などを伝え，それに相手が応答し，その言葉を聞くことを通して，次第に言葉が獲得されていくものであることを考慮して，楽しい雰囲気の中で保育教諭等との言葉のやり取りができるようにすること。

(2)　園児が自分の思いを言葉で伝えるとともに，他の園児の話などを聞くことを通して，次第に話を理解し，言葉による伝え合いができるようになるよう，気持ちや経験等の言語化を行うことを援助するなど，園児同士の関わりの仲立ちを行うようにすること。

(3)　この時期は，片言から，二語文，ごっこ遊びでのやり取りができる程度へと，大きく言葉の習得が進む時期であることから，それぞれの園児の発達の状況に応じて，遊びや関わりの工夫など，保育の内容を適切に展開することが必要であること。

第3 満3歳以上の園児の教育及び保育に関するねらい及び内容

ねらい及び内容

言葉

経験したことや考えたことなどを自分なりの言葉で表現し，相手
の話す言葉を聞こうとする意欲や態度を育て，言葉に対する感覚
や言葉で表現する力を養う。

1 ねらい

(1) 自分の気持ちを言葉で表現する楽しさを味わう。

(2) 人の言葉や話などをよく聞き，自分の経験したことや考えたこと
を話し，伝え合う喜びを味わう。

(3) 日常生活に必要な言葉が分かるようになるとともに，絵本や物語
などに親しみ，言葉に対する感覚を豊かにし，保育教諭等や友達と
心を通わせる。

2 内容

(1) 保育教諭等や友達の言葉や話に興味や関心をもち，親しみをもっ
て聞いたり，話したりする。

(2) したり，見たり，聞いたり，感じたり，考えたりなどしたことを
自分なりに言葉で表現する。

(3) したいこと，してほしいことを言葉で表現したり，分からないこ
とを尋ねたりする。

(4) 人の話を注意して聞き，相手に分かるように話す。

(5) 生活中で必要な言葉が分かり，使う。

(6) 親しみをもって日常の挨拶をする。

(7) 生活の中で言葉の楽しさや美しさに気付く。

(8) いろいろな体験を通じてイメージや言葉を豊かにする。

(9) 絵本や物語などに親しみ，興味をもって聞き，想像する楽しさを
味わう。

(10) 日常生活の中で，文字などで伝える楽しさを味わう。

3 内容の取扱い

上記の取扱いに当たっては，次の事項に留意する必要がある。

(1) 言葉は，身近な人に親しみをもって接し，自分の感情や意志など
を伝え，それに相手が応答し，その言葉を聞くことを通して次第に
獲得されていくものであることを考慮して，園児が保育教諭等や他

の園児と関わることにより心を動かされるような体験をし，言葉を交わす喜びを味わえるようにすること。

(2)　園児が自分の思いを言葉で伝えるとともに，保育教諭等や他の園児などの話を興味をもって注意して聞くことを通して次第に話を理解するようになっていき，言葉による伝え合いができるようにすること。

(3)　絵本や物語などで，その内容と自分の経験とを結び付けたり，想像を巡らせたりするなど，楽しみを十分に味わうことによって，次第に豊かなイメージをもち，言葉に対する感覚が養われるようにすること。

(4)　園児が生活の中で，言葉の響きやリズム，新しい言葉や表現などに触れ，これらを使う楽しさを味わえるようにすること。その際，絵本や物語に親しんだり，言葉遊びなどをしたりすることを通して，言葉が豊かになるようにすること。

(5)　園児が日常生活の中で，文字などを使いながら思ったことや考えたことを伝える喜びや楽しさを味わい，文字に対する興味や関心をもつようにすること。

索　引

208

物の永続性　46
模倣　128，137，140

ヤ　行

指さし　47，48，127，128，130
幼稚園教育指導書　15

ラ　行

領域　13

ルリア　59
連続性　17

ワ　行

〈私〉の生きる世界　74
わらべ歌　100

編　者

成田 朋子（なり た とも こ）　名古屋柳城短期大学名誉教授

執筆者〈執筆順，（　）内は執筆担当箇所〉

鈴木 恒一（すず き つね かず）　（1章）中部学院大学短期大学部

成田 朋子（なり た とも こ）　（2章1節，2節1～6・8）編者

荻原 はるみ（おぎ わら）　（2章2節7・8）名古屋柳城短期大学

青木 文美（あお き ふ み）　（3章）愛知淑徳大学

市毛 愛子（いち げ あい こ）　（4章）大阪芸術大学短期大学部

朝日 信子（あさ ひ のぶ こ）　（5章）清須市新川子育て支援センター

藤塚 岳子（ふじ つか たき こ）　（6章）名古屋柳城短期大学

資料提供

5章　愛知県清須市公立保育所

6章　愛知県常滑市公立保育所・幼稚園

写真提供

2章　三重県多気郡認定こども園明和ゆたか園

新・保育実践を支える　言葉

2018 年 3 月 30 日　　初版第 1 刷発行
2021 年 3 月 1 日　　　　第 2 刷発行

編著者　　成田　朋子

発行者　　宮下　基幸

発行所　　福村出版株式会社

〒 113-0034　東京都文京区湯島 2-14-11
電話　03-5812-9702　FAX　03-5812-9705
https://www.fukumura.co.jp

印刷　株式会社文化カラー印刷
製本　協栄製本株式会社